凸法则

从默默无闻到脱颖而出

〔美〕山姆·洪恩 著
丁美龄 译

長江出版傳媒
长江文艺出版社

Got Your Attention?

这本书可能将影响所有读它的人，而且将很明确地表现出来是怎样被影响的。

——琼·法伦博士，
Curemark公司创始人，曾荣获2014年史迪威金奖

你想找到创新的方法来解释你所做的事情，想说清你能提供什么价值是吗？这本书正是为你准备的。

——索尔·卡普兰，
商业模式创新工厂创始人

在读这本书之前，难道你从来没有想过靠一段文字、一个建议，或者一个介绍在瞬间引起别人的注意吗？

——凯·科普洛维兹，
美国电视网创始人，美国电视史上首位女性总裁

这是身处工作场所的人必读的一本书，只要你希望拥有更高水平更广泛的人脉圈。

——蓓西·迈尔斯，
奥巴马竞选团队首席运营官，哈佛大学领导力研究中心主任

每一个企业管理者、执行者和每一位企业培训人员将从这本天才佳作中获益匪浅。

——艾米·威尔金森，
美国白宫研究人员

打开这本书粗粗看了一眼，可就在这不到十秒的时间里，我已被山姆引人入胜的讲述深深地吸引。在我所读过关于如何引起别人注意的这一类书中，这是一本最接地气、最鼓舞人心、最具操作性的好书。

——德雷克·西弗斯，
著名TED演讲者，CD Baby创始人

前言

献给戴尔·卡耐基

我从未见过你的身影，但你的经典名著《如何赢得朋友及影响他人》（又名《人性的弱点》）却影响了我的一生。

当我还年轻的时候，正努力寻找自己在这世界上的位置时，便偶然发现了你经久不衰的洞察力。

“一个对其他人发自内心感兴趣的人，在两个月里交到的朋友，要比一个总是试图让别人对自己感兴趣的人在两年内交到的朋友还要多。”

自那时起，这些话语的精华已浸入我的灵魂，塑造我的人际交往观。

读书可以改变人生，您的书就是对这一真理的证明。

希望这本书能有您一半的影响力，也许有些乐观，甚至近似狂妄自大了，不过，女人总是可以做梦的嘛。

《凸法则：从默默无闻，到脱颖而出》的前言是向您独创性建议的致谢。

“一个对其他人发自内心感兴趣的人，在两个月里创造的沟通，要比一个总是试图让别人对自己感兴趣的人在两年内创造的沟通还要多。”

这就是我希望人们从本书得到的东西，我希望他们从心里认识到这一点，并应用到他们的生活中。

谢谢您。

Contents

目录

第三部分 INTRIGUE之T：高效

第四部分 INTRIGUE之R：可重复

第五部分 INTRIGUE之I：互动

第六部分 INTRIGUE之G：给予

引 言

什么是一个人的“吸引力”，为什么“吸引力”很重要？

我认为，我学到的唯一经验就是，没有什么能取代一个人对别人的吸引力。

——黛安·索耶，电视新闻节目主播

你知道金鱼吗？对，就是金鱼，它们的注意力持续时间要比我们人还长。

它们的注意力持续时间是 9 秒，而我们人是 8 秒，至少哈佛商学院的研究员南希·F. 克恩在 2014 年 2 月的《市场业务》杂志[①]上报道的是这样。

实际上或许是更糟糕的。《快速企业》杂志在 2012 年 3 月 15 日报道，如果一个网页的加载时间超过 4 秒，那么就有四分

---

① Ryssdal, Kai.《金鱼比美国人的注意力集中时间长，出版业知道这一点》，《市场业务》杂志，2014 年 2 月 11 日。——原注

之一的人会放弃加载这个网站。而且杰奎琳·奥兹和理查德·施瓦茨在《优涅读者》上也曾报道过："近期有两项研究暗示，我们的社会正在渐渐地进步却又剧烈地滑向断裂。[①]"

显然，急躁是我们现在的流行病，我们正同时遭受着来自异化和无法被关注的痛苦。

这是一个问题，因为如果你不能获得人们的关注，就无法与他们真正沟通。不过，好消息是，并非没有办法克服人们的急躁、异化和慢性分心症，本书就是告诉你如何克服这些症状的。

① Olds, Jacqueline 和 Richard Schwartz.《孤独的美国人》，《优涅读者》，2009 年 4 月。——原注

如果你不能引起别人的注意，
就永远不能与别人取得联系

我发现如果你热爱生活的话，生活也会爱你的。

——亚瑟·鲁宾斯坦，音乐家

我爱这个话题，希望你也能喜欢，所以我将听从凯丽·费雪的建议。还记得凯丽·费雪吗？在《星球大战》中扮演莉亚公主的凯丽，有着浅黄褐色耳朵的凯丽。没错，就是那个凯丽，她曾说："即时满足需要太长的时间。"

凯丽说对了，我们不想听更多信息，我们就是想要那种被迷住的感觉，而且是一下子就被迷住的感觉。所以，接下来我会快速分享一个背景故事，说明我是如何以及为何探索和发现"凸法则"（INTRIGUE 法）的，然后我们就投入到如何使用"凸法则"中去。听起来还不错吧？好的，下面就是背景故事。

我有幸主持了 17 年毛伊岛作家会议。那时候，我们确实做了一些史无前例的事情，让作者有机会越过重重严格的纪律，与

出版界业内人士面对面联系。可是谁料想，这些作者根本不知道如何与这些决策者联系。事实上，有个女人退出会议时眼里噙满了泪水。

我问她："你还好吗？"

她说："不好，我很郁闷，我的梦想泡汤了。"

"啊！怎么了？"

"这本书，我写了 3 年。我把它放在桌子上，结果编辑只瞄了一眼，就说'我没有时间读所有的书，用 1 分钟的时间告诉我这本书讲的什么内容，为什么会有人想阅读它'。"

"我当时就蒙了，我认为我的工作就是写书，卖书应该是他的工作。我越是努力解释，他越是困惑不解。这是一次很好的机会，却被我搞砸了。"

我告诉她："没事，你还有机会联系代理公司和编辑，他们中的许多人会参加我们今晚的招待会，到时候你去那里与他们碰面。"

第二天，我在大厅里看到她，于是问道："你昨晚有机会联系代理人和编辑吗？"

她不愿看我，我觉得她可能没听见，就又问了一遍。

她低下头，很小声地说："我没有去。"

我还在想："你花了几年的时间写书，又花费了大量金钱，漂洋过海来到这里，好不容易有机会见到能够让你梦想成真的决策者了，你却没有去？”

她说：“我很害怕，我不知道该说什么，所以就躲在酒店里没有去参加。”

哇哦！那年没能谈成交易的不止她自己，许多作者都没能让别人对自己的作品感兴趣。我越想越觉得不是他们的作品没有价值，而是因为他们不知道如何与决策者联系，如何快速、令人信服地进行沟通，所以他们拥有有价值的作品却无法展示。

于是，我想，必须得有人对此做些什么。我意识到，我就是处理这种情况的那个人，我要对此做些什么。

因此，我写了一本书，叫《流行！为一切打造完美姿态、书名和标语》，曾被《纽约时报》《快速企业》和MSNBC（微软全国有线广播电视公司）报道过，也已帮助人们创建了成功的品牌名称、最畅销的图书和一些有创意的广告标语等。

我很自豪那本书发挥了一些作用，但是，在过去的这几年中，我感觉到，要想与他人取得联系，只靠书名和标语是不够的。书名和标语固然能够吸引有利的注意，却不能维持这种注意。如果你真的想与他人取得联系，就要能够抓住他们的有利注意，同时也要学会对他人感兴趣。

没有高质量的关注，就没有真正的沟通

只要沟通。

——爱德华·摩根·福斯特，小说家

在心底，我始终相信福斯特对“只要沟通”的建议是真实的。当我们走到生命尽头，回过头去看，才会发现我们在意的是：我们是否与那些对自己而言至关重要的人真诚地沟通过？

然而，尽管我们好心一片、努力之至，却经常没有沟通。并非我们不想沟通，而是从未有人教给我们要沟通。我们学习数学、科学和历史，却没有学习如何建立互惠互利的联系。因此，我们不会好好沟通，甚至根本没有沟通。

这样一来的结果如何呢？会有一种深刻的断了线的感觉。我们的想法无人听到，我们的项目无法获得赞助，我们的计划无人问津，我们的梦想无法实现，我们的关系没有出路……

正如斯蒂芬·马尔凯在2012年4月的《大西洋》上发表的一篇题为《脸谱网让我们更加寂寞了吗？》的文章中所说：“我

们正遭受着前所未有的疏离感，彼此之间是从来没有过的异化。”

我问自己，在这个急躁和异化的文化中，如何才能真正与人交流和沟通呢？嗯，要想让我们的交往互惠互利，必须有双向的关注才行。那么我们该如何做呢？我们应该不要再试图引起别人的关注，而是开始关注别人。

这是有道理的，不是吗？如果我们希望别人将宝贵时间和精力给予我们，那么就必须先奉献出自己的时间和精力。我们先来开这个先例，对别人感兴趣可以让自身更有吸引力。相互之间的吸引力才是关键，可以把令人沮丧、浪费时间的单向沟通转变为高效、双赢的双向沟通。

如何充分利用本书

没有制图板，我们会到哪里呢？

——乔治·卡林，喜剧演员

我已把自己关于这个话题的一切所知提取出来，会聚成一个缩写词 INTRIGUE（凸法则），把它作为达到真正沟通的“食谱”吧。INTRIGUE 的每个字母都代表着一种可以帮你们在彼此之间创建良好关注的成分，这便是凸法则的核心。既然说它是食谱，那么正如任何食谱一样，根据自己的口味和情况加以调整吧。

我设想你很忙，所以把这些章节控制在 10 页以内，方便你只要浅尝——即使只能挤出来几分钟的时间——便可收获价值。每章最后的行动问题会帮助你和你的团队讨论如何根据自己的缓急情况自定义这些观点。

说起缓急情况，本书能给你的最大收益就是填写本小节后的 W5 表格。W5 表格是“图画板”的 INTRIGUE 法（凸法则）版本，浏览这些章节时不妨保持自己面前的 W5 表格，这会让你从“旁观者”模式转换为“激活者”模式，前者的你会说“嗯，这个主意不错”，而后者的你会说“嗯，我要这样使用那个主意”，因此处于“激活者”模式的你会收获真正的结果。

W5 表格是一种有形的方式，可以让你集中精力关注你事先想沟通的人。它帮你想象：什么可以让这次沟通有趣、有用和有关？什么是当前的问题和需求？我怎样可以快速说明这些问题，并在一开始就增加价值，好让人们感兴趣，主动把他们的宝贵时间和关注给我？填好你的 W5 表格，是你为准备一场让所有人受益的交流所能做的最好的事情之一。

W5 表格：准备进行有趣沟通的图画板

如果我们想要沟通，首先就必须赢得关注和尊重。

——山姆·洪恩

花点时间填一下这张 W5 表格，能够帮你准备彼此都感觉有趣的交流。

What（什么）：你要为之做准备的事情是什么？

会议展示？员工会议？工作面试？书籍？资金投入？建议？页面文案？还是广告活动？

____

____

____

Who（谁）：谁是你的目标观众？

他们的年龄、性别、背景如何？他们的兴趣水平或抵抗力水平怎样？他们的问题或未满足的需求是什么？他们的情绪如何，是急躁、生气、多疑、渴望还是繁忙？把他们描述出来，以便清晰地刻画出来。

____

____

____

When 和 Where（什么时间和什么地点）：这次沟通将发生在什么时候，什么地方？

是上午 9 点在客户办公室吗？还是傍晚在嘈杂的餐馆？是星期一的早晨邮件列表里的一封简讯？还是在酒店宴会厅里的商务午餐？还是通过国际 Skype 电话，而每个人都在不同的时区？

____

____

____

Why（为什么）：这为什么会让你的决策者感兴趣？

他们为什么要注意你呢？他们为什么会觉得与你沟通是富有成效地应用自己宝贵的时间、思想和金钱呢？与你沟通如何让他们受益，给他们带去实实在在的效益呢？

____

____

____

Why（为什么）：为什么你要对这次沟通感兴趣？

经过这次沟通之后，你希望发生哪三件具体的事情？哪三种可能的成果或行动，可以让这次沟通具有明显的成功之处？

____

____

____

第一部分

INTRIGUE 之 I：开场

吸引人的开场

除了无聊以外，我什么也不怕。

——葛丽泰·嘉宝，演员

嘉宝不是唯一一个害怕无聊的人。

现在的人很多都是没有耐心的。

他们的内部时钟在你开始说话的那一分钟起也就开始嘀嗒作响了。

他们在想："你是一个无聊、让人讨厌或啰嗦的人吗？"

如果他们没有在第一时间（或第一页）看到或听到吸引自己注意力的东西，那么结果就是他们将转向"下一个"了。

在本章中，你会发现许多可以在打招呼时便抓住人心的开场方式。

阅读这些章节时，把你的W5表格放在眼前，这样一来，你可以边读边思考哪些开场能够赢得别人的兴趣，激励他们把其他事情都放在一边，而把你作为重中之重。

第一章
问“你知道吗”的问题

说你的命运就取决于自己给人留下的印象也不算特别夸大。

——芭芭拉·沃尔特斯，电视新闻记者

你关心的事物，它的命运如何，取决于你在第一时间为之创造的良好印象，想到这一点就感觉令人却步，不是吗？

PharmaJet 公司创始人凯瑟琳·卡伦德就是这种感觉，她对我说："有好消息，也有坏消息。思林博德企业现在给我一个机会，让我进入一个纽约佩里中心满是投资者的房间。"

我告诉她："这是个好消息呀。思林博德曾帮助热布卡公司女企业家罗宾·蔡斯筹资 64 亿美元之多。坏消息是什么？"

"我 14: 30 到场，只有 10 分钟的展示机会。只有 10 分钟，什么都展示不了，我怎么可能在 10 分钟之内就解释清楚我们的团队认证、临床实验和财务分析呢？"

"凯瑟琳，你没有 10 分钟，那些投资者已经听过其他 16 位的演讲了，你只有 1 分钟，你需要在 1 分钟内打破那个下午的夸夸其谈，吸引到他们的注意。"

下面就是我们创造的开场白，不但帮助凯瑟琳赢得了认同和投资，而且帮她成为《商业周刊》2010年度最有前途的社会企业家之一[①]。

你知道吗？现在每年接种疫苗有18亿。

你知道吗？接种那些疫苗时，有近乎一半使用重复利用的针头。

你知道吗？我们正在传播和延续我们试图预防的疾病。

想象一下，如果有一种针头是无痛的、一次性的，而且价格比当前的更便宜。

其实，你不用想象，我们已经创造出来了，这种针头就叫PharmaJet，正如这篇文章展示的这样……

接着她就朝着这个方向奔去了，你被调动起来了吗？和你一样，房间里的每个人也都被调动起来了。

让我们如实看待这个情况。PharmaJet团队过去这样开始他们的展示，解释他们是一个“皮下接种的医疗交付设备平台”。

哎呀！那样的介绍在一开场就失去吸引力了。可是，很多人

① Perman, Stacy.《盈利与有所不同》，《商业周刊》，2009年4月3日。——原注

都这样开始自己的交流，废话连篇的解释让观众简直无奈或只能轻叹一声。其实，观众这时已经得出“此问题难以理解”的结论了，于是转向更有趣或更紧急的事情。凯瑟琳有竞争优势，因为在 1 分钟里，她已经让所有人都感到好奇，渴望对主题有更多的了解。

“你知道吗”类型的介绍及其他应用方式

你不能只给人一种创意注入，你必须创造一种可以勾起人好奇心的环境。

——肯·罗宾逊，TEDx 一级演讲家

如果你正在琢磨自己是否可以亲自不折不扣地在线使用这样的开场白，那么答案是响当当的“yes”。实际上，你可以向肖恩·肯纳学习，肖恩和他的 BootsnAll 团队在他们网页上的一个 60 秒视频中曾使用“你知道吗”类型的开场。他告诉我，这个视频让他们的新产品 Indie 一夜成名。他的开场白是：

你知道吗？你习惯了使用旅行社预定五站式多城市旅行。

你知道吗？以前通常要花48小时才能预定一次五站式旅行。

你知道吗？以前通常要花5天才能收到一个五站式旅行的报价。

想象一下，如果破天荒地有一次，你可以自己计划和预定一次五站式旅行，不再需要旅行社会怎样？

想象一下，如果你能得到多站式旅行自己的报价呢？

想象一下，如果你能在不到1小时内把上述事情都做完呢？

其实你不必想象了，我们已经创造出来了，它就叫作Indie[①]。

好奇了吗？成千上万的人看过那个视频后也十分好奇，于是点击链接，想了解更多信息。

在出版行业怎么使用这个开场白的例子想好了吗？假设你正在写一本关于如何在如今这个僧多粥少的时代找到工作的电子书，那么你可以这样开场：

你知道吗？2012年有360万个职位空缺，80%没有刊登出来。

你知道吗？平均每一份工作有118个人申请，而得到面试机

① Keener, Sean。——原注

会的人只有20%。

你知道吗？2013年美国53.6%的25岁以下学士没有工作或者没有充分就业[①]。

想象一下，如果你能打听清楚未被刊登的优质工作会怎样？

想象一下，如果你能大幅增加本周面试机会会怎样？

想象一下，如果你能在如今这个竞争超级激烈的就业市场上，学到10种新的久经考验的方式让自己脱颖而出会怎样？

其实你不必想象了，这本60页的电子书分享了现实生活中的成功案例，他们凭借这些技能在3个月内成功找到工作。实际上……

大多数“直接告诉他们你将要在书中讲什么”的开场白让人以为你在侮辱别人的智商，相比而言，这个开场白更有趣，不是吗？现在就开始这样开场吧！

---

① Smith, Jacqueline.《关于找工作你可能不知道的七件事》，2013年4月16日。——原注

三步制作“你知道吗”开场

在某处，总有不可思议的东西在等待着被发现。

——卡尔·萨根，天文学家

请拿出你的 W5 表格，制作开场白，介绍你的决策者不知道的事情，这样你就可以在第一时间抓住人心。

第一步：以三个令人惊讶的“你知道吗”相关问题开始

介绍三个决策者不知道但想知道的事情，关于：

- ◆ 你正在解决的问题的范围。
- ◆ 你正在讲解的问题的紧迫程度。
- ◆ 你正在讨论的问题方面的戏剧性转变。
- ◆ 你正在满足的未满足需求。

一定要引用一些知名资源，如《华尔街日报》、福布斯等，这样可以显得严肃，也让人们知道你不是在瞎编乱造。不要空泛和以偏概全，比如“成千上万的人处于失业状态”或“失业率居高不下”，要精确地找出那个月有多少人在失业。人们相信你的数据，才能相信你说的是事实。

你是不是在想：我到哪里去找这些事实、专家和可验证的统计数据呢？ GTS——谷歌搜索呀。使用你最喜欢的搜索引擎问：

◆ 关于 _______（你的话题），令人震惊的统计有哪些？

◆ 关于 _______ （你的话题），最近做了哪些研究？

◆ 关于 _______ （你的话题），谁是专家？

◆ 关于 _______ （你的问题），最流行的文章有哪些？

◆ 关于 _______ （你的目标市场），变化趋势是什么？

◆ 关于 _______ （你的事业或行业），最佳网站或最流行的博客是什么？

不到几分钟，你可能就会发现，一个著名的智囊团刚发布数据，证明你在讨论的问题正在呈指数增长，并且产生了比预期更严重的后果。

你可能会发现一篇研究，表明你的目标人群正每年花费一部分收入在你的产品上，而且花费比例还在增加，有巨大的收益可以获得。

你的目标是提出令人震惊的事实，让人产生“真的吗？这对我来说可真是新鲜事！”的感觉，这些事实能够影响金钱、时间、安全、方便、健康、性能、风险或你在关注的问题的标准。

把这些事实编进三个“你知道吗”句型中。为什么只有三个呢？有些人认为他们呈现的证据越多，就越有可能得到一个肯定的答案。其实，这是错误的。

2011年5月7日的《新闻周刊》上有一个封面故事，题目为《大脑冷冻》，该文章报道说：“堆积信息会适得其反，因为人们在面临太多信息时会关闭自己。[①]”他们不会肯定自己尚未理解的东西，相反，如果择优挑选三个最能令人印象深刻的方面，让这些信息尽可能精练，人们在第一次听到时就能理解，这样的效果要好得多。

第二步：使用“想象一下”连接提议方案的三个属性，造成“谁不想那样呢”的效果

“想象一下”把人们从全神贯注中拉出来，帮助他们积极处理你正在说的内容，而不是被动地倾听。他们不再冷漠，不再心烦意乱地想着堆放在办公桌前的杂乱物品，而是将注意力完全集中在你身上。

你如何想出三个“谁不想那样”的属性呢？让我们回顾一下凯瑟琳·卡伦德和PharmaJet。她的决策者关心什么？答案是那些重复利用的针管，因此我们强调她的产品是“一次性的”；

---

① Begley, Sharon.《做决定的科学》，《新闻周刊》，2011年3月15日。——原注

没人喜欢疼痛的接种，因此我们澄清她的产品是“无痛的”；决策者总是关心金钱的，因此我们表明她的产品“花费比当前更低”。我们是如何把她的解决方案萃取到一个简洁理想的情境中，唤醒一种“谁不想那样”的反应，你明白了吗？这就是你的目标。

第三步：用“其实，你不必想象了，我们已经创造出来了。实际上……”句型过渡

提供先例和证据，让他们知道这不是投石问路或可望而不可即，这已是尘埃落定，而且你的团队准备交付。让众人看到客户为你担保的推荐书，展示曾报道过你们成果的文章，参考一个基准表明你现在建议的不是一个未经考验的风险，而是之前就被成功推出过的产品。

“你知道吗”开场白如此有效还有一个原因，就是：上述所有都可以浓缩成一种罕见的和受欢迎的 60 秒。其他人还在对着观众说他们将怎样介绍时，你已经赢得了关注和尊重，人们会渴望进一步了解。

我希望你在下一次高风险沟通时可以尝试这种开场白，我的许多客户都从中收到了明显的效果，我相信它能帮助你与决策者在最短的时间内沟通。

行动问题：问“你知道吗？”的问题

你做今天正在做的事情，是因为它可行，还是因为它是你昨天曾做过的事情？

——菲儿·麦克格雷迪，电视台主持人

1. 你的W5表格上是什么情况？不要告诉别人你准备讲些什么，而是怎么才能通过问三个“你知道吗”的问题开场。

2. 怎样才能利用“想象一下”这个词语，帮助人们描绘出理想的情境，萃取提议方案的三个方面，形成一个“谁不想那样呢”的场景？

3. 你如何连接到“其实，你不必想象了……”并展示实证，让决策者知道这不是天方夜谭，而是实实在在的，并且是你准备要推出的产品呢？

第二章
示人以鱼

很多时候，人们在你将产品出示给他们以前，并不知道自己想要什么。

——史蒂夫·乔布斯，企业家

乔布斯说对了，人们在你将产品出示给他们以前，是不一定知道自己想要什么的。

这就是我的意思。你读过书《大白鲨》或者看过电影版《大白鲨》吗？你知道它的标志性封面背后的故事吗？斑塔姆出版社社长奥斯卡·迪斯特尔否定了原来的封面，因为它只是在黑色背景下用白色文本写了一个词语“大白鲨”。迪斯特尔担心读者会把这本书当成是关于牙医的[①]，于是他命令设计团队重新设计，并提出：“我想看到那条大白鲨鱼。”

设计师再次归来时带着那幅著名的画：一个女子正在海洋中游泳，却没注意到一条巨大的鲨鱼正潜伏在她身下。结果证明，那醒目的图像如此受欢迎，电影制片厂要求把它作为宣传海报。自看到那张封面至今也许已经过去许多年，但我敢打赌，你的脑

① 因为英语单词Jaws既有大白鲨的意思，也有下颌的意思。——译注

海中仍能浮现出那幅画面。

这就是把思想转化为图像的力量。用图像讲述思想的故事，不仅更容易抓住人们的视线，而且能够给思想持久的力量。试想，如果没有那张难以忘怀的封面在一瞥中讲述它的故事，《大白鲨》还会票房超过 4.7 亿美元，成为“有史以来十佳最成功电影”之一吗？我认为不会。

表现出问题，让他们想要你的答案

你要为灭火器做广告时，先点一把火。

——大卫·奥格威，广告传奇

企业家卡里·卡特深知“示人以鱼”的重要性。那时，卡里正在参加一个竞赛，名叫“海豚坦克”（比电视真人秀节目《鲨鱼坦克》或《进入龙穴》稍温和、更有同情心的版本，创业者向投资者评审小组力荐自己的产品，获得投资）。

作为评审员，我有机会提前浏览了卡里的商业计划。她创造了一个吊钩，取名叫卡勾（Cargo），可以放在车里，用于挂手提包。我当时想：不会是真的吧，你要用一个挂手提包的吊钩开创生意？

然而，卡里在第一分钟内就调动了所有人的兴趣。她把一个全尺寸汽车座椅拖到房间前面，放在旁边的地板上，然后把手提包挂在上面。她站起来，面对大众，围着虚构的方向盘转动自己的手指，然后一边开始“驾驶”一边说：

你有没有经历过这种情况：车开着开着却要突然停下来？你的手提包从座位上掉下来，手机摔了出去。于是你一边乱扒摸索，试图捡回来，一边停留在大路上……想象一下，如果你从此再也无须担心手提包掉下去会怎样？想象一下，如果有一个吊钩，你可以……

这时候，一个人站起来说：“我要2个，一个给我妻子，一个给我女儿。”

哇哦。卡里从一个不敢相信的“真的吗？”开始，变成在1分钟之内“我买2个”的激情，这就是展示和询问的力量。卡里还有几件事情都做得十分聪明，这也让她更会抓获和保持人们的注意。

1. 她用道具帮助我们看清楚她在说什么。

要把那个汽车座椅搬进长滩会议中心当然挺麻烦的，不过却很值得，因为它创造了好奇心。我们都在想：你搬这个东西要做什么？卡里没有成为另一个“喋喋不休”的人，而是甚至在开口之前就已经抓获了我们的注意力。

2. 她让我们看到。

我们的视线在哪里，注意力就在哪里。如果我们不注视着演讲人，意味着我们也没有在听演讲。卡里展示给我们有趣的东西看，因此我们把注意力集中在她身上，而不是低头看手机。

3. 她以问题开场。

她没有一开始就描述自己的方法，而是展示了一场“火”（这里指一个麻烦和问题），让我们想要她的“灭火器”（这里指她对上述麻烦和问题的解决方案）。我们记得自己或爱的人曾经发生过那种麻烦，所以自然想要她的产品，以防麻烦再次发生。

不要一边展示一边讲述，而要一边展示一边提问

我相信，如果你一边展示给人们问题，一边展示给他们答案，他们就会行动起来。

——比尔·盖茨，企业家

我们在初中时经常“边展示边讲述”。诱发兴趣的前提是“提问比讲述更精明，而边展示边提问则要更精明”。为什么？因为

这样可以从口头上和视觉上双方面让你的观众参与进来。

下面是另一个关于“边展示边提问”如何能帮你赢得买入的例子。

我曾有一个客户，他创造了“收据聚合器”。什么，收据聚合器？没错，正是。每次你告诉别人自己的产品时，都会制造困惑，所以你最好不要描述，而是要展示。我的客户是怎样开始陈述的呢？她把一个手提箱带到房间前面，一边围着它检查一边问：

你有没有出差回到家，要找收据却发现怎么也找不到了的情况？或者你有没有发现一堆皱巴巴的纸张，就像现在这样（她边说边卷起来有水渍的收据），却不知道它们是何用处？你有没有翻遍了手提箱的口袋却发现你丢掉了最重要的一个花费收据？你知道吗，经常出差的人士中有67%因为找不到收据而无法报销？如果再也不用担心这些问题了，难道不是很好吗？想象一下……

看到这是如何发挥作用的了吗？她的开场进行到一半，人们就开始大笑了，因为他们已经确定她要说的是什么了。一边提出“你有没有……”“你有过……吗”或“……是不是很棒”等类似的问题，一边表演着令人沮丧的情形，是赢得买入的最有效方式，因为人们会想“曾经发生过那种情况，做过那种蠢事，不想再那样了”。听到人们说“我昨天还这样过！”或“你说的就是我啊！”的时候，你知道自己已经真正地与人们建立起联系了。

“边展示边提问”发人深思

你能做的最好的事，就是震惊自己。

——史蒂夫·马丁，喜剧演员

“边展示边提问”如此有效的另一个原因是，它发人深思。

这跟发人深思又有什么关系呢？这是一个切实可行的方式，可以测试你所说的有没有打断人们的当务之急，吸引到他们赞许的注意力。

现在就试试吧。想象一下，某人正在解释他们是做什么的，却解释得乱七八糟，毫无意义。你皱起眉毛，是否感觉沮丧和困惑？这意味着你没有了解他在说什么。如果你没搞清楚他在说什么，那么这个说话的人就达不到自己的目的，因为处于困惑之中的人不会给出肯定的答案。

现在，你把眉毛放平，如果你的眉毛不动，就意味着你不为所动，正在被谈论的东西对你没有任何影响，也就是说它在你心中没有通过。

现在，抬起你的眉毛。你感觉参与进来了吗，感到好奇吗？就像你想了解更多信息一样？这意味着正在被谈论的东西走进了你的心门。

从现在起，你的目标就是让人们的眉毛在1分钟内抬起来，这绝对是你引发了好奇心的明确信号，也是你已经赢得有利注意的代号。

示人以脸

你之前是引起了我的好奇心，不过现在是引起了我的注意。

——莱昂纳多·迪卡普里奥，著名演员

有一次，我被聘帮助一个IT行业的总监准备他部门的年度会议。他向我展示了幻灯片后，我问道："你希望你的员工有什么感觉？"

"感觉？"他眨巴眨巴眼睛说。

"嗯，是的，什么感觉？"我说。

“嗯，应该是想让他们感到骄傲吧，今年我们超额完成了所有的目标。”

“还有其他的吗？”

“嗯，激动兴奋，我们在第一季度推出了新产品，并且实现了非常有野心的目标。”

“你认为在幻灯片中加入一些人的照片怎么样？”

他的幻灯片通篇都是词语、数字和图标，没有一张员工照片，要知道员工才是实现目标、超额完成任务的人啊。

他很快行动起来，让公司摄影师围绕办公室转了一圈，拍摄了一些团队成员的照片，这些人都是在这一关键年有贡献的人。他在接下来的一周后跟我联系道：“你猜怎么着？人们在屏幕上看到自己的同事时都在欢呼，每个人在离开时都相互击掌。”

这就是“示人以脸”的力量。不要从网上找来通用的剪贴画，在经过允许的情况下，你可以：

◆ 在年终会议上展示他们的照片，以褒奖你的员工。

◆ 在网站上给客户特写，以展示你的客户。

◆ 展示一系列快乐，来高调地结束会议，这样他们就会彼此庆祝刚参加过活动。

◆ 让你的报告更有趣的，或许是放一些团队成员的照片。

电影导演伊文·克什纳曾说："没有什么是比人的面容更有趣的风景。"尤其是当人们认识露脸的人时就更是如此了。如果你想赢得人们有利的关注，那么不要只是分享事实，还要让他们出镜。

你想知道更多引发好奇心、让人们抬起眉毛的方法吗？我们下一章节介绍在竞争别人的注意时，如何让自己有竞争优势。

行动问题：示人以鱼

告诉我，我会忘记；演示给我，我可能会记住；但让我参与其中，我就会理解了。

——本杰明·富兰克林，发明家

1. 看着你的 W5 表格，你打算如何示人以鱼？你打算如何把想法转换为图像，让人们看清楚你在讲什么？

2. 你如何使用道具表现问题，让人们想要你的解决方案？你如何展示自己的产品，让人们亲眼看见你所提供产品的价值？

3. 你如何展示和提问？你怎么提出"你有没有……？"或"你

有过……吗？”之类的问题，让人们进入到希望当时自己拥有你的产品的情境？

4. 你如何通过让员工、会员和客户在交流会上出镜而褒奖他们？当然，是在他们同意的前提下，这样他们更加真实，也更荣易让人产生感情。

第三章 展示罕见特点

等着被认可的人真的是太天真了。

——芭芭拉·乔丹，女议员

很多人在试图引起决策者注意时都容易犯一个谦逊的错误。谦逊是一个可爱的特征，不过若到了极端，就可能成为你的致命弱点。要知道，商业交流是一个关于顾客注意力的竞争，你不能谦逊地等待别人认可你的价值，这是十分天真、理想和过于被动的方式。

要不要展示罕见特点，让决策者注意到你，这取决于你。你展示罕见特点的能力可以决定它会创造还是破坏你的事业。

我儿子汤姆就是一个很好的例子，借以告诉读者展示自己的罕见特点如何帮你拿下梦想中的工作。汤姆和他哥哥在夏威夷毛伊岛长大。一天夜晚，天上繁星点点，我们像往常一样出去滑板散步。为什么说是滑板散步呢？我在小区的安静道路上散步，孩子们在利用他们的滑板或自行车“散步”。我问汤姆：“你长大后想做什么？”

汤姆抬头指着天空说：“跟天上有关的什么事。”

我们没想到汤姆有一天从弗吉尼亚理工大学毕业，专业是航空航天工程、物理、天文学和数学。总而言之，我没有帮助过他写家庭作业。在毕业前的几周，汤姆留意了一下福蒙特州工作台，他不敢相信自己的眼睛，NASA 在约翰逊航天中心的任务控制有一个职位空缺。还记得电影《阿波罗 13》里汤姆·汉克斯的角色说“休斯敦，我们来了一个麻烦”吗？没错，就是电影里的那个任务控制。

汤姆赶紧填好申请，让我看了一下。他的申请书让人印象深刻，不过我觉得他落了一项成就，我认为这项成就会让他的申请书更加突出。我问：“汤姆，为什么你不提一下你和你的大学团队赢得的那场国际竞争呢？关于设计去火星的有人驾驶任务的那场国际竞争。”

猜汤姆怎么说的，他说：“可是，妈妈，写上会不会显得吹嘘了？”

哦，我告诉他：“汤姆，如果你真的做了，就不是吹嘘。面对你的决策者，要投其所好。他们会收到成百上千份类似的申请书，每个人都有极佳的 GPA（平均成绩点数）、多个专业以及课外活动等。你需要找出自己与其他人有何不同，如果你获得了一些极少数人方能获得的成就，这项成就也许就能让你脱颖而出，进而让他们给你一个面试机会。”

汤姆把那项证明加了进去，参加了面试，得到了那份工作。

现在每天早上，他作为一个飞行管理员去工作，与宇航员和国际空间站一起工作。汤姆能够获得梦寐以求的工作，至少有一部分原因是因为他分享了一个稀罕的长处，帮助他从一堆求职者中脱颖而出，而不是被淹没。

你的竞争优势是什么？

如果你没有竞争优势，那么就不要去竞争。

——杰克·韦尔奇，前通用电气CEO

有没有想到当你面对申请一份工作、一个职位或一个联系时的情境？你能分享的罕见特点是什么？什么东西能够帮你脱颖而出？

◆ 在特定的一段时间里，你在哪里做过领导，带领人们实现宏伟、可衡量的目标？

◆ 你在何时何地开启过首个类似的观念或项目，给公司、行业或社区带来了价值？

◆ 你曾经因自己的品质、社区服务、志愿者努力或对他人的贡献获得过哪些奖项或认可？

◆ 你在个人生活中做过什么不一般的事情，可以开启话题？

你做过博物馆讲解员吗，冲浪吗或者在社会上做过什么志愿者吗？

如果你想让别人在你身上花钱（代表找工作、找投资或找合同），一定要表明你打算如何为他们赚钱。

你肯定听说过这句话："如果你不能衡量它，那么你肯定不能管理它。"如果你不能证明自己可以为他人提供可衡量结果，那么决策者怎么相信你就一定会带给他们可衡量的结果呢？

用特定的例子支撑你的观点，比如你在何时为前雇主、投资人、赞助商节省了多少钱、管理了多少资金以及赚了多少钱等，这是你的竞争优势，因为许多求职者会列一堆工作经验，却缺少成绩支撑。

如果显而易见，就不能引人入胜

我对我的医生说："我在两个地方摔了腿。"

他说："那就别再去那些地方了。"

——亨尼·扬曼，喜剧演员

中区加利福尼亚州的会计员告诉我："我知道展示罕见特点

很重要，可我不知道自己有什么是别人没有的。我现在跟更完善的企业竞争，想获得我们区最大地主的会计员职位，而且我的证书赶不上他们的。”

如果你的竞争对手是国有企业，他们有声名赫赫的客户，你实在无法与之媲美，那么就不要去竞争了，以卵击石注定一败涂地。

相反，你可以强调自己是一家小作坊，没有层层官僚主义，这样他们还可以指望你灵活一些。如果竞争对手的总部位于东海岸，那么不妨强调你在 8A 区（一个女性拥有和管理的企业），并且在当地社团十分活跃。他们在 20 个州县均有办公室，这点也许你无法与之媲美，不过你是当地商会主席，了解所有当地的企业所有者，在这一点上，他们无法与你对抗。

你的共性优势是什么?

如果你身边的人出自共同目的都有激情的承诺，那么一切皆有可能。

——霍华德·舒尔茨，星巴克创始人

有时，吸引人最好的方法关键不在于你与竞争对手有何不同，而在于你和决策者有何相同之处。

查尔斯·莱斯利在准备作家会议时就是这么做的。莱斯利对我说，她想让佩蒂·布莱曼做自己的经纪人，佩蒂曾代理过约翰·格雷的《男人来自火星，女人来自水星》和理查德·卡尔森的《莫为小事情烦恼》。

我问她："佩蒂为什么要对你的书感兴趣呢？"

"嗯，现代人们普遍压力很大，一个压力解决了，来了另一个。我的书介绍处理愤怒的实际、积极方法。"

"这很好，莱斯利，可现在问题是，佩蒂为什么要选择代理你的书呢，她有一连串名单呢，而且真的不需要再寻找新客户？"

莱斯利看着我说："我不知道。"

"许多作者认为谈成交易的关键是写出高质量的作品。高质量作品固然非常重要，但是有许多高质量的图书也摆在那里，无人购买。代理人的工作有投机性，他们靠你的书挣钱，你的书不挣钱，他们就无法赚钱。你需要向他们展示如何通过雄心勃勃的营销方案推动销售，而且如果能介绍一个你和佩蒂共有的兴趣是比较明智的。"

"你的意思是说，我写了一本可以帮助很多人、高质量的书本不重要吗？"

"当然重要了，只是还不够。"我知道她会花式骑术，所以建议她在个人简介里面加上这一项。

莱斯利有点不解地看着我说："可是这跟我的书没有丝毫关系呀。"

我笑了："我知道没有关系，可是佩蒂也会花式骑术。"

佩蒂和莱斯利的见面非常愉快，由于都会花式骑术，兴趣自然而然地把他们连接在一起，达成了合作。这个故事有什么寓意？莱斯利是第一次做作者，佩蒂那时是世界供不应求的纪实作品代理人，引起佩蒂注意的不只是莱斯利项目本身的潜力，而是他们有着共同的兴趣。

人品、才能和潜在价值是很重要的，可是如果你不在第一分钟或第一页内介绍一些东西的话，你的项目可能永远无法拨云见日，这些要在第一分钟或第一页介绍的东西应：

1. 不同于决策者见到的任何东西，所以给你竞争优势。

2. 与决策者关心的事情相像，所以给你共同优势。

上述两者中的任何一条都可以帮你赢得买进或决策者的注意。

行动问题：展示罕见特点

被认为是最佳人员还不够，你必须要被认为是唯一可胜任的人。

——杰瑞·加西亚，感恩而死摇滚乐队

1. 现在回顾一下你的 W5 表格吧。你能展示什么罕见特点，给自己一个竞争优势呢？什么样的证书能够抓住决策者的眼球呢？你如何证明自己是最佳人选或是唯一能够胜任的人呢？

2. 有什么成绩或经历是你的竞争对手所不能企及的？你如何用名称和数字证实自己的所言不假，让决策者相信？

3. 你与决策者有什么可以创建联系的共同点？

第四章
把否定转变为肯定

如果你坚持自己的所知，你会低估自己。

——凯莉·安德伍德，歌唱家

如果你固执己见，你会得到一个否定的答案。相反，问问自己“为什么我的决策者否定呢？”并先把它说出来。下面就是一个极佳的例子。

几年前，我去罗得岛州普洛威顿斯的企业创新工场参加会议。那是十分有趣的几天，有来自世界各地的领导创新者，包括美捷步（亚马逊收购的购鞋网站）的托尼·谢和快速公司的艾伦·韦伯。

最令人钦佩的演讲者非常出人意料。她走到舞台中央，等待着，直到每个人都注视到她了才开始有一个大大的微笑，探出人群说：“我知道你们在想什么，一个13岁的孩子能够教给我关于创新的什么？”

她暂停了一下，眨了眨眼睛，说：“我们13岁的孩子知道一两件事……就像怎么梳头发。”才30秒，林心瑜[①]就已经让每个人都站到了自己的一边。

---

① 林心瑜是一位现年15岁的旅美华裔少女，她收集地沟油，回收再利用，不仅保护了环境，而且还变废为宝，用其来发电，造福众多贫困家庭。——译注

为什么？她读懂了观众的心思，意识到这些全球思想领导者可能会有点疑问，怀疑她能分享什么有价值的东西，所以她先把这一点提了出来，赢得了众人。

顺便说一下，林心瑜接下来描述她和七年级的同伴到普洛威顿斯的下水道野外旅行，赢得了我们的注意和尊重。他们发现自己周围都是 FOG——脂肪、油和油脂，于是她和同学发现了 TGIF——把油脂转化为燃料的方法。每个周六，他们从餐馆和工业园收集 FOG，循环利用，把收集到的钱捐赠给贫困家庭。林心瑜继续讲着。

如何变拒绝为接受?

永远不要让一个无权做决定的人拒绝你。

——埃莉诺·罗斯福，前美国第一夫人

你在 W5 表格上决定的情况怎样？为什么你的决策者会说“你开玩笑的吧”？也许你在建议一项耗资项目，你预料到老板会想“我们在预算中没有这个项目”。

你可以用下面的话提出老板的反对意见：“你也许现在在想，

我们的预算中没有这个项目。如果您能注意接下来的3分钟，我会指出我们在哪里拿到这笔资金，并如何在项目的头3个月就拿到本金。”

试想，假如你在向理事会建议新的会员招收项目，并预测到他们肯定会拒绝，因为去年刚有个相似的项目失败了。

那么不妨这样开始：“你可能在想，我们之前试过这个办法，结果证明行不通。是的，我找到了我们上次犯的3个错误，这次提出了如何防止错误发生。”

要知道，如果你不先提出怀疑者的反对意见，他们就不会注意听，他们会等你讲完后直接告诉你此法不通。

如果决策者先前已经拒绝过我，该怎么办?

如果人们不知道你在说什么，他们就不会相信你；如果他们没有注意听，就不会知道你在说什么；如果你表现得无趣，他们就不会注意听。

——比尔·伯恩巴克，广告人

如果人们之前曾拒绝过你，他们也不会听你讲什么。如果他们心里已经有了否定的答案，嘴里就永远不会肯定了，除非你有新的证据，让他们因为面子原因给你一次重访的机会，推翻他们之前的决定。

一位来自柏林的研讨会成员阿里就举手问过这样的情况，他说：“如果我们试图与之前就拒绝过我们的人沟通，结果会怎么样？”

我告诉他：“如果你首先坦诚他们之前曾拒绝过你，可以劝服他们再给你一次机会，借机说明现在形势变了，你有新的理由，可能他们会重新考虑一下。如果是这样，情况会怎样？”

“我们刚聘请了一名专业队员，做我儿子旅行足球队的教练，所以我们需要集资，以付教练的薪水。我们打算利用当地书店，但是让书店老板赞助的人一直不断，所以我们提出把书店名称印在球服上根本不能刺激他同意赞助，书店名称印在球服上并不能为他拉生意。”

“你能意识到刺激不足挺好的。不妨这样开始：‘我知道，邀请你赞助的人一直不断。’这句话就向他说明你在强调自己有压力给出一些值得他赞助的缘由。”

“我接下来说什么？”

“开门见山，讲清楚他可以从中得到什么好处。比如说‘所以，我愿意举办一场比赛，把人们吸引到你的书店来，推动你的销售，给你许多正面报道’。”

阿里笑了，说道：“这可能会让他感兴趣。”

“是的，然后你告诉他，你可以安排足球教练在畅销书上签名，日期让他选。再增加一些利诱因素，比如说有一个队员父母是专业摄影师，你已经安排了他为足球赛拍照，把他们的商标带给顾客，只需要10美元。这样你可以成功集资，也可以给他持续的好商誉，因为那些照片将在很长一段时间内贴在人们的冰箱上。总之，赞助对他来说还有什么好处，就一直站在售书的角度上接着说下去吧。”

阿里想了一会儿，说道：“我知道了。我们团队中有位家长是社会媒体大亨，她可以把比赛写进博客里、推特和脸谱网上，这样会有更多的人来观看。”

“好主意，这样更会座无虚席了，对你们双方而言都是一个收入渠道。注意，所有这些行动都让售书员和你儿子的团队受益，这就是此方法的美妙之处，所有人共赢。”

行动问题：把拒绝转换为接受

劝别人放弃自己的观点是徒劳无功的。

——劳伦斯·彼德，作家

1. 看一下你的 W5 表格。如果你想让决策者给你个机会，那么找出他们不给你机会的原因，并率先提出。

2. 读懂决策者的心思。为什么他们会拒绝？他们已经拥有的想法是什么？你如何提出反对意见才能把它们变成不是问题的问题？

3. 决策者是否曾经拒绝过你？你如何用“我知道……”坦诚曾遭拒绝的经历，然后提出新的证据，证明自己的提议会让他们受益，并刺激他们推翻自己之前的论断，给你一个机会？

第五章
做好心理准备，而不是紧张

如果我不紧张，反而会因此变得紧张。我认为紧张是健康的，你只是必须战胜紧张，走上舞台。

——碧昂斯，歌唱家

曾经，一个企业家近乎十分惊慌地问我："在上周的一次至关重要的展示上，我的笔记本死机了，花了好长时间才让幻灯片重新播放，不过播放的时候已经太晚了。大家都已经没有耐心了，而且我再也没能把人们的注意力拉回来。现在，我将要做另一场展示，我害怕又会彻底垮台。你能帮我恢复自信吗？"

我问她："你做什么运动吗？"

"做啊，不过这跟找回自信有什么关系呢？"

"如果你做运动，那么你应该知道在比赛中有两种运动员，一种是后退着说'不要把球给我'的，另一种是向前一步说'把球给我'的。"我直视着她说，"我敢说你一定是后者。"

她笑了，说："是的，我是后者。"

"所以，从现在开始，你要把演讲视为一种运动，这样你就可以走进去，展现'把球给我'的自信，这会让你感觉像个胜利者，看起来像个胜利者，行动上也像个胜利者。"

网球冠军克里斯·埃弗特曾经在竞赛的第一天就被问道：塞雷娜·威廉姆斯是否有机会赢得2014美国公开赛。克里斯回答说："我们都知道，对她而言自信是这场比赛的名字。"对我们所有人而言，自信都是这场比赛的名字。幸运的是，自信是一个可以学习的技能，而不是我们有或没有的神秘天赋。下面这四步可以帮你战胜紧张，走上舞台，让你可以融入各种交流，渴望沟通。

把沟通视为一种运动

她走出去了，就像早已预料到会获胜一样。她看起来就像个胜利者。

——帕特里克·麦肯罗[1]

下面是我与客户分享的几个步骤，帮她做好心理准备，而不是紧张。记住：你的行动，就是你的预期。像准备冠军赛一样准备高风险沟通。下面这几步可以帮你走进观众视线时，抓住他们

① 这是谈起2014美国公开赛的15岁网球冠军西西·贝丽丝时说的。——原注

的注意力、尊重和感情，并看起来就像个胜利者。这几步并非琐碎，毕竟如果你对自己没有信心，如何让别人对你有信心？

1. 去散散步或者排练一下

有没有人曾建议你对着镜子练习自己想要说的话？这是个很糟糕的建议！这会让你把精力集中在自己身上，造成你的自我意识过强。放开自己的头脑行动起来是更明智的选择，因为这样会让你练习把注意力集中在多个焦点上。

什么叫把注意力集中在多个焦点上？就是一种与自我意识相对的意识流，让运动员能够一边适应不断改变的环境，一边保持注意力集中。

你想，棒球运动员必须预料投哪个球，一边瞥着队友有没有抢到第二棒，一边盘算着如何投中。足球运动员一边把球传给跑着的队友，一边要避免防卫者，还要注意到守门员的位置。

你作为一个沟通者，如何游刃有余地把注意力集中在多个焦点上呢，这是运动员已经掌握的技巧？答案是你要从桌子后面起来，走出去。2014 年的一份斯坦福大学报告发现："走路可以提高创新产出，平均提高 60%。[①]"

你在散步或排练的时候，会一边注意各个相关者和向你骑过

① Wong, May.《斯坦福大学研究发现散步有助提高创造力》,《斯坦福日报》, 2014 年 4 月 24 日。——原注

来的自行车，一边思索着你要说什么。其实这个时候，不夸张地说，你正在提高行动的敏捷性和果断力。你正在预想如何让决策者的眉毛抬起，并保持他们的注意力，一边还要眼观八方。这就是所谓的把注意力集中在多个焦点上，这便是你在做演讲、面试工作或谈判合同时想要进入的状态。

2. 计划要灵活

永远不要记手稿或者依赖自动台词提示器，这会打断你与整体的联系，因为台词会把你的注意力禁锢在笔记或屏幕上。如果你没有把注意力集中在观众身上，他们为什么要把注意力集中在你身上呢？况且，如果一件事情出了岔子，你就茫然不知所措了，因为你依靠的是大脑中提前准备的东西，而非当下的现况。

交流不是逐字逐句地传达准备妥善的演讲词，有意思的交流是与人们沟通，是让你看到人们眼中的光，这包括观察你的群体，看他们是否参与其中还是无动于衷，清楚还是困惑，并根据他们的反应实时地改进自己演讲的内容。

3. 自己要有主场优势

为什么大多数体育队在主场比赛的记录比在远方取得的成绩更好呢？因为在熟悉的环境中，我们有安全感，能够放松，并全神贯注于自己的表现中。

在路上可就不是这种情况了。在新的环境下，我们面临“战争还是逃跑”的选择，在观察陌生环境，判断自己是否处于危险或冒险境地时，我们就被分心了。

所以，在真正“交流”之前，你最好先熟悉一下场地。举个例子，我在给一场会议做主旨发言时，总是在没有人的时候检查一下酒店的宴会厅（即使在会议的前一天晚上）。我站到舞台上，对着房间后面说话，并全程练习自己的开场白。

为什么说这很重要呢？足球教练波普·华纳说：“你练习得怎么样，就会表现得怎么样。”你不能期待用50%的练习获得100%的表现。想在赛场上表现如何就如何练习，这意味着你到时候“去过那里，做过此事”，从而可以全神贯注地与观众沟通，而不是感觉不舒服。

4. 要超越，而不要退缩

如果你看起来温顺和软弱，你就会感觉温顺和软弱。这是一个问题，因为决策者不会尊重一个不要求别人尊重的人。

不幸的是，在一开始就失去观众注意力的演讲者通常都会这样。从吉姆·柯林斯（《从优秀到卓越》）开始，到汤姆·彼得斯（《成功之路》）和赛斯·高汀（《关键》），我们都坐在座位的边缘看着。

下一位主要发言人走到了舞台中央（她从讲台后面走出来时

挺好的），不过然后就双脚并拢着站立，耷拉着头，双手不知放到哪里是好。她像唱歌似的说："我昨天还在对孙女说自己多么期待这次……"

不到几秒钟，数字设备出来了，人们开始陆续走出去了。这是一个耻辱，因为接下来她要向大家介绍她的公司是如何帮助抓获"9·11"罪犯的，她的观点很有价值，可惜不幸的是，她的"畏缩"让人们早早得出她不值得倾听的结论，所以人们没有继续听她的演讲。

如果你想抓住并保持人们的注意力，一定要有告诉大家"我知道我在讲什么，你可以相信我"的领导风范。运动员在比赛中会摆出"我已经做好充分准备"的姿态，你也可以采用那个姿态做到领导风范。或许你可以模仿这个姿势，他们会：

◆ 让两只脚间有肩膀的宽度，这样可以保持你的平衡和接地。

◆ 膝盖稍微弯曲，这样比较灵活，可以向任何方向自如移动。

◆ 头和下巴抬起，眼睛直视前方。

◆ 双手放在前方中心，双手之间留一只脚的距离，就像抱着一个篮球一样。

现在就试试吧，站起来，双脚分开，与肩宽同距，膝盖弯曲，下巴抬起，双手像抱着篮球一样分开，这就是超越的姿态。现在，看一下失去观众的演讲者的畏缩姿态：

◆ 把双脚并拢，有没有感觉到不平衡，站不稳，就像被推了一把一样？

◆ 膝盖绷得紧紧的，有没有感觉僵硬、死板和不灵活？

◆ 头耷拉着，有没有感觉害羞、腼腆、与观众断了联系？

◆ 双手放在裤裆前，有没有感觉别扭、尴尬，就像要掩饰什么似的？

感觉到两种姿态之间的不同了吗？选择超越而不是畏缩的姿态，可以帮你抓住听众的注意力和尊重。面试、会议或者商业聚餐时，你可以摆出超越的姿态。只需要抬起肩，背起手，高高地坐着，而不要懒散或没精打采地坐着。瞧，那样是不是感觉好些？如果你选择超越，而不是畏缩，你就会感觉更加自信，看起来更自信，抓住更多决策者的信心。

创造自己的信心仪式

当你每天在压力下工作时，你的仪式让你百分百全神贯注于你正在做的事。

——拉斐尔·纳达尔，温布尔顿冠军网球队员

我总是十分感激有过两次大满贯的网球冠军“火箭”罗德·拉沃，他告诉我用个性化的自信仪式振奋自己，不要紧张的重要性。

我有幸共同管理了罗德在南卡罗来纳州希尔顿黑德岛的网球设施。一天，他特别亲切地问我是否想打球。遗憾的是，当时我们下周要举办国家网球露营，我正为那次露营的后勤工作而分心，所以把球撒得到处都是，简直令人尴尬。我最后说：“火箭，我很感激你拉我一起玩，不过我在浪费你的时间，我还是退出吧。”

他看着我，说：“专业人士的标志就是能够把糟糕的一天转为开心的一天。”

“可是你怎么做？”

“你确定比赛中的关键部分，然后围绕这部分做一个仪式。如果比赛的关键在于得到第一发球，那么你就重复‘第一发球’，

并集中你的全部精力。这样你会有一个焦点，而不是心理上遍布整个地图而不知所措。”

关于仪式的力量，火箭是正确的。巴甫洛夫这个名字听起来耳熟吗？仪式是让你把注意力自动放在你想做的事情上而非不想做的事情上的秘诀。

你的目标是创建一个自信仪式，在每个高风险沟通之前笃信的仪式。如果你是一个演说家，可能是这句谚语“我来这里是为了服务，不是为了炫耀的；要起到一点儿作用，而不是为了出名。”这样一来，你会关注重要的事情，也就是与观众沟通，增加价值的事情。如果你在面试一份工作，可能是这句：“我要找出并关注他们的需求以及我能给他们的公司带去什么贡献”而不是“我已经失业 10 个月了，我需要这份工作”。

作家赛斯·高汀说：“焦虑是提前经历失败。”通过把沟通视为一种运动，创建一个自信仪式，你可以让自己振奋起来，而不是畏缩，这样你会期待交流，而不是充满让表现打折的焦虑。

行动问题：做好心理准备，而不是紧张

当没有人相信你时，你必须相信自己。自信会让胜利在彼岸等你。

——维纳斯·威廉姆斯，网球运动员

1. 请拿出你的 W5 表格。你打算创建怎样的自信仪式，并在高风险沟通之前练习，以便让你做好心理准备，而不是紧张。

2. 你如何把沟通视为一种运动，并为即将到来的情况做好准备，就像你为重要比赛做准备那样？你打算在哪里进行散步排练，什么时候进行，以便让你的反应敏捷？

3. 你如何提前熟悉赛场，给自己一个主场优势，包括身体上和心理上，你如何摆出王者而不是畏缩的姿态，获得注意力和尊重的“我准备好了”的领导风范？

第二部分

INTRIGUE 之 N：新颖

只是真实还不够，还需要新颖

当你刚创造出一些新东西的时候，世界总是显得更明亮。

——尼尔·盖曼，作家

本章节的前提是：事情不会因为重要就有趣。

就像尼尔·盖曼指出的那样：如果你想让繁忙、被各种事情烦扰的人们给你一些注意，那么介绍一些新的东西——之前没有的东西——是十分重要的。

你是不是在想："哦，这难了，因为太阳底下没什么新东西。"

当然有新东西了。

实际上，本章节介绍了一系列创造和介绍新鲜、首例观点、方法和产品的方式，不但是真实的，而且是新鲜的，所以更能抓住人们的有利注意。

第六章
创造下一个新东西

唯一的危险是不再演变。

——杰夫·贝索斯，企业家

《浮华世界》杂志有一个特殊的合刊，名叫《网络是如何被赢得的》，以互联网早期的在线图标为面试特色。在合刊中，杰夫·贝索斯透露，尽管否定者预言亚马逊会失败，但是亚马逊还是从一开始就成功了。实际上，随着订单越来越多，亚马逊的进度很快就跟不上了，所以杰夫和一个总经理奔向码头仓库帮助处理订单。他们屈膝跪下，双手触地，包裹书籍，当时同事转向他说："真是要了我的膝盖和后背啊。"

杰夫仔细考虑了一下，然后说："我们应该绑上护膝垫。"

他朋友看着他，就像看一个疯子似的："不，杰夫，我们应该有一个包装台。[①]"

这是多好的一个例子啊，当某人避开"唾手可得"的答案，介绍一种创新的、演变的解决方法时，是多么有趣和吸引人。

---

① Newcomb, Peter 和 Keenan Mayo.《网络是如何被赢得的》，《名利场》，2008 年 7 月。——原注

这就是本章的重点。你如何才能打破惯例，想出新观点和不同寻常的方法、产品，让自己解脱而不是越陷越深？

用非同寻常的方法抓住注意力

以非同寻常的方式处理生活中的寻常事，就会抓住全世界的注意力。

——乔治·华盛顿·卡弗，发明家

你是否在想：我同意你的理论，相信人们会被非同寻常的观点、方法和产品吸引，可是我怎么想出来这些呢？

7P 理论是你打破惯例的工具，不管你在做什么，都可以创造出下一个新东西，吸引决策者的注意。你正在开办企业、写博客、经营政治运动，或者推出新产品，这都没有关系。如果总是“老样子啦，没什么变化”，那么为什么人们要注意呢？

下面是一个例子，关于某个人如何使用 7P 理论创造新东西，从而创造了让所有人共赢的沟通。

7P 理论如何帮你创造新标准

你必须新颖。如果你像其他人一样，他们为什么要选择你呢？

——伯纳德塔·彼特斯，女演员

国际六西格玛培训公司的医疗保健部门主任聘请我帮他准备一场哈佛医疗会议，我问他："你的目的是什么？"

他说："参会的是来自世界各地的医院高管，如果我把工作做好，可能就意味着为我们公司拿到数百万美元的新合同。可问题是，我的演说安排在最后一天，我担心到时候来听我项目的都没有几个人，能够听完整个项目并坐下来与我谈的人更会寥寥无几。"

"明白了，我们可以用 7P 理论开发一些特别新颖、吸引人的东西，让它帮你优化这次机会。"

1. 第一个 P 是指 Purpose，意思为目的，即你的目标是什么，怎样算是成功？

"我的目的是设计和传达一个独特的项目，能够激励人们出现，并传达一些令每个人印象深刻的现实的价值。”他这样告诉我。

2. 第二个 P 代表 Person，意思为人，即谁是你的目标决策者？谁代表你的理想客户？给这个人一个名字，描述一下他，以便你可以看到他。

“我的目标决策者是一位老练的医院主任，我们不妨叫他吉恩，他有十多家医疗中心的预算授权。他有点疲惫，因为他已经参加了十几场医疗会议了，他一直在那边听着会议。”我的客户解释道。

3. 第三个 P 代表 Problem，意思是问题，即你的目标客户有什么挫折或挑战？

“嗯，在六西格玛，我们认为效率低下影响医疗机构的绩效、生产力和利润，这正是吉恩在工作中面对的问题。吉恩发现许多医疗演讲都十分密集、无聊或过于简单。”这位高管对我讲道。

4. 第四个 P 代表 Premise，意思是假设，即多问“为什么……？”和“如果……会怎么样？”为什么要是那个样子呢？如果有新办法、更好的办法会怎么样呢？

“如果我能激励吉恩和其他高管留下来听我的项目会怎么样呢，因为我的项目吸引了他们的眼球，看起来十分有趣？”他问道，“如果我不是谈一些无聊透顶或他早就知道的事情，而是把会议变成一场新颖、有趣的实质性对话，中间充满他和团队可以采取以提高患者满意度、忠诚度和基本利润的现实行动，会怎么样？”

5. 第五个 P 代表 Product，意思是产品，即你用新颖、更开放的思维方式进行头脑风暴所产生的结果。问“为什么”和“如果……会怎么样”打断了常规的标准作业程式，产生了一个“有了！我找到了！”即找到了更有效、更有吸引力、有更高回报和更多收益的产品（或方法）。

我问我的客户：“你在业余时间都做些什么？有没有什么兴趣爱好？”

他苦笑了一声，说道：“我一周恨不得 8 天在路上，哪有时间分配给兴趣爱好！”

“你在家的时候呢，你和妻子喜欢电影吗，喜欢园艺或者看电视吗？”

“我们有时候会看一下《法律与秩序》。”

“对了。我为你找到一个有吸引力的标题，就叫《缺陷与秩序》。”

他大笑道：“很好啊，完美了。”

我们把他的项目开发得像在播放电视剧的某个情节。他确定了影响医院利润的 3 个缺陷，并介绍了如何建立六西格玛系统，让混乱变成有秩序，以提高员工生产力，增加患者满意度、忠诚度和收益。

6. 第六个 P 代表 Promise，意思是承诺，即因为这是新颖的，所以要给大家一个承诺，让人们可以相信它，也相信你。

我的客户说："我们承诺这将会是一场别开生面的、交互式的对话，与他们之前所经历的任何一场医学研讨会都完全不同，它还将呈现一些务实建议，能够提高他们的基线利润，让他们相信一定会有财务回报。"

7. 第七个 P 代表 POP，意思是流行，即为你的新产品起一个有趣的名字，让它能够脱颖而出，成为流行。

我的客户说："我认为《缺陷与秩序》这个标题真的能够激励人们在最后一天坐下来听我的演讲，而不是逃走什么的。"

他说得没错，他的新邀请布满了房间，收到了极高的评价，激励了一大群参与者自愿接近他（而不需要他从讲台上挨个找），并索要名片，一边进行后续的谈话。

创造新东西的好处

当你创造新东西时，你会有一些内啡肽冲动，不然你觉得为什么爱因斯坦的头发帅成那样？

——罗宾·威廉姆斯，喜剧演员

当你创造一种新的更佳方法时，你不是唯一有内啡肽冲动的人，你的客户也有这种冲动，因为他们的注意力被调动起来了，而你，将会有一种新生意上门的激动。

你呢？拿出你的 W5 表格。实际上，我建议你携带这张表格、7P 理论和一个朋友去吃午餐。分好时间，让你们俩都可以在一件优先事项上集思广益。按照 7P 理论探讨一番，然后问“为什么”和“如果……会怎么样”，让你们俩都可以打破常规程序，创造出新标准，吸引决策者的有利注意。

利用 7P 理论创造新东西时，你和你想与之沟通的人的基本受益是什么，让我们不妨看另外一个例子。

当时正值上下班高峰期，我在纽约闹市区，需要到机场去。尽管我在路中央四处扫描着计程车，可还是没能看到一辆计程车出现，没办法，我只能叫儿子安德鲁帮助。

他说："妈妈，我会搞定的。你在哪里？"5分钟后，一辆计程车来到我面前，我快速上车，及时赶上了航班。安德鲁甚至还付好了费用，就这样。

你或许已经猜到了我要说的"进化型"公司。女士们，先生们，看一下优步打车公司吧。据《纽约时报》报道，优步公司创办不到5年，就已经在全球有128个办事处，2014年福布斯对其评估值为182亿美元[①]。

7P理论如何帮你让顾客满意？

让顾客满意，就会谈成生意。

——沃伦·巴菲特，亿万富翁

我没有咨询优步公司，但我可以想象和还原他们如何创造出上百亿美元的产业，这十分有趣。假设你是优步公司创立之初的一名高管，那么用7P理论进行头脑风暴就是如下的情况。

---

① Sorkin, Andrew Ross.《为什么优步可能值180亿美元》，《纽约时报》旗下DealBook.，2014年6月9日。——原注

1. 第一个 P 指 Purpose，意思是目标。

我们的目标是给数百万等不到计程车的人一种新的、更佳的打车方法。我们的目标是创造一个竞争优势，抓住有利可图的市场，建立一个盈利的企业。

2. 第二个 P 指 Person，意思是人。

我们的目标客户是一个成功的专业人士，暂时叫她朱迪吧，她生活或工作在大城市，厌倦了向计程车招手。

3. 第三个 P 指 Problem，意思是问题。

朱迪在的士方面遇到的麻烦是：

◆ 下雨天或者大冬天的时候，想在上下班高峰期打到的士是不可能的。

◆ 司机经常多收费，对此你也无计可施。

◆ 车内经常散发香烟的臭气，座位脏兮兮的，坐一趟简直浪费一身衣服。

◆ 许多司机更喜欢收现金，不想让她用信用卡付款。

4. 第四个 P 指 Premise，意思是假设。

我们的承诺是必须要有一个全新的、更佳的打的方式。

◆ 如果朱迪在任何时候都能打到的士，并且无须等待一刻钟，会怎么样？

◆ 如果即使在高峰期或下雨天，朱迪也能指望打得到的士，会怎么样？

◆ 如果朱迪可以信任她的司机有 GPS，知道如何送她到目的地，会怎么样？

◆ 如果费用早就提前用信用卡支付过了，因此朱迪无须携带现金，会怎么样？

◆ 如果所有计程车都被检查过，朱迪可以放心，车子肯定是干净无烟的，会怎么样？

5. 第五个 P 指 Product，意思是产品。

我们有一个全新的、更佳的计程车公司，可以让备受折磨的人在叫计程车时得到需要的，摒弃所有不想要的。

6. 第六个 P 指 Promise，意思是承诺。

我们可以提供最初退款保证，让他们毫无后顾之忧，来获得朱迪和其他首次使用者的信任。

7. 第七个 P 指 POP，意思是流行。

让我们给它起一个好听又好记的名字，帮它流行起来。

你有什么不同?

如果你有幸与众不同，永远不要改变这一点。

——泰勒·斯威夫特，歌手

花时间把 7P 理论运用到你的头等大事上，看看会有什么不同？如果你想要顾客满意，就给他们想要的，丢弃他们不想要的，这看起来就是个常识，不过正如我妈妈经常说的那样："有些事情是常识，并不意味着就一定是人们习惯的做法。"

你是如何做的呢？你的观点或公司得到应有的支持、鼓励或收益了吗？如果没有，也许是人们觉得没什么特殊之处。如果人们只是把它看成一件商品而已，当然没有必要太过注意了。除非你被视为与众不同，否则你总是在努力引人注目。好消息是，7P 理论能够帮你创造新东西，因此你不仅领导群众，而且创造了全新的群众。

行动问题：创造下一件新东西

每项业务的成功都恰好在为其他所不为。

——彼得·泰尔，贝宝创始人

1. 看着你的 W5 表格。你所在行业的标准如何？你正讨论的问题有什么样的标准制作程序？在那种情况下事情都是如何完成的？

2. 你如何运用 7P 理论打破常规，找出最佳新方法，解决麻烦、探讨问题和满足需求？

3. 你打算如何吸引目标客户的注意（和生意），通过介绍一些非同寻常的东西和提供一些竞争者无法提供的优势？

第七章
跟上时代

如果你学会当初学者，那么全世界都会向你敞开。

——巴巴拉·谢尔，作家

全球青年企业家大会上，在我前面的一位发言人是一个广告传奇，曾在纽约创办了一家顶尖广告机构。他利用一个关于《名人堂》骑师雅嘉卢的故事引出自己的主旨演讲，雅嘉卢在70多年前曾两度获得赛马三重冠。然后他引用“二战”中乔治·巴顿将军的话，讲述了大家经常提到的“励志”故事——如何用周围的脚链驯服大象，让它们不再试图挣脱，驯服后一条鞋带就可以拴住大象了。

我环顾四周，没有人听，不是这些学生不懂礼貌，而是他们实在无法跟这位演说者讲的内容连接起来。他引用的故事和话语不但古老（发生的时候这些学生还没有出生），而且以美国为中心。他没有问自己的言论是否跟得上时代，要么就是他不关心这些。

请注意：我并非不尊重他对行业的贡献，只是有一个简单的办法可以帮他。如果他花些时间，哪怕几分钟的时间，去调查一下听众，他就会发现这些人都是十八九岁或二十出头。他可以拿着一张报纸（作为道具），分析上个周末的超级杯上的顶级广告，这样会让他的谈话比较热门。他原本可以问问学生们的观点，比如说哪些广告有用、哪些无用以及为什么。

他原本可以提问出席者如何推广生意，并给出关于如何分配营销资金的建议。这些都可以为他的观众服务，并让自己的专门知识跟得上时代。他不愿意做一个“初学者”，而是选择继续多年以来老生常谈的演说。结果，他的一席话沦落为无人倾听。

你是在引用最新资源吗?

关于演讲，我不会阅读已经准备好的演讲稿。我不要反复做相同的事情。

——丹尼·梅尔，三方米其林星级餐厅创始人

你是怎么做的呢？你会不会反反复复做相同的演讲？你会不会逐字逐句地阅读准备好的演讲稿？你会不会引用过时的研究和资源？

INTRIGUE 法（凸法则）的其中一部分就是理解这一点：人们不想反复听到同样的事情。新近就等于关联性，你紧跟时代

的程度就代表你处于前沿位置的程度。考虑一下，为什么我们要读报纸或看新闻？我们对时事有着天生的好奇心，希望对周围世界的新鲜事物保持更新的状态。

然而，却有许多人使用过时的研究和资源。一旦我们使用过时的研究和资源，人们就会翻个白眼，认定我们属于迂腐的人。

对于一个把领导名册大纲带到我们第一堂指导会议上的高管而言，这令他大开眼界。我注意到，他的每一章前面总是有一句引言。你可能发现了，我喜欢引言，我认为引言能够起到很多正面作用。简练、能煽动人的引言打破了密集的内容，因此更加悦目和有吸引力，可以从页面上跳起来，使人们皱眉。

我们面临的挑战是，我所有客户（真的是每一个客户）的引言均来自一些陈年往事，我千禧一代的朋友称之为“死了千年的往事”。现在，我要说下一个人，我当然也同样喜欢爱因斯坦、亚里士多德、爱迪生和爱默生，等等，可是我没有再引用他们，不是因为这些思想领袖不睿智，而是因为他们离我们太久远了。

我告诉他：“想要快速让你的书更吸引人吗？”把一些古老的引言去掉，换成读者从来没见过的新引言。

“可是我喜欢那些引言。”

“我知道，很多人喜欢那些引言，这是一个问题。对于书，人们通常会浏览一眼，看是否值得一读。如果他们看到几个引言都是他们已经熟知的，那么他们就会把书放到书架上，因为他们认定这本书没有什么新内容。”

“那么我该怎么做呢？”

“很简单，你写的内容是关于领导力的，那么你要做的就是，用你最爱的引擎搜索‘关于领导力的名言’，至理名言就会出现了。存在网、好读网等收集名言的网站会给你一堆关于此话题的免费名言。”

我们上网，迅速找到几条名言，可以为他的每一章做完美的引子。实际上，他说自己新近最喜欢的一条名言来自商业作者肯恩·布兰查德：“如今，成功领导的秘诀是影响力，而非权威。”

引用当今思想领袖的名言是跟上时代的一种简单方法

提醒自己，当下是唯一你确定自己拥有的时刻。

——奥普拉·温弗瑞，企业家

你想不想找到当今思想领袖的至理名言，俘获人们的积极注意？只需要在名言收集网上输入“关于……的名言”就可以了，然后浏览出现的名言，记住用下面这些标准挑选合适的。

1. 这些名言中，哪些更接近我的观众、话题和我想阐述的观点？

2. 哪些能提供拓宽思维和刷新角度的真知灼见？

3. 哪些名言表现多样化，男男女女、领导者或不同年龄、行业、文化、国家的流行元素？

4. 我如何平衡“新旧”名言，比如“时间是你人生的本钱……小心不要让别人替你用掉时间。——卡尔·桑德堡”和“时间是新的金钱。——理查德·布兰森”？

5. 我如何把这句名言与我的内容联系起来，让它支持我的观点？例如，如果你引用米奇·阿尔博姆的“我爱上了希望”，你可以采取关键词“爱上”或“希望”，提出“你爱上了什么？”或“你希望什么？”

如果你有兴趣，我们INTRIGUE法（凸法则）代理团队一直更新我们最爱的前100的当下名言，你可以用本书末尾的邮箱地址联系索要。

联系顾客关心的时事

富有创造力的人能够结合经验，创造新东西。

——史蒂夫·乔布斯，企业家

一位研讨会成员说："我拥有一家会计事务所，没有什么有趣的、新鲜的或时髦的东西，你有没有什么建议，可以让我的生意得到更多关注？"

我建议道："你可以学习速贷公司的例子，它们因《三月疯狂》[①]得到国际注目。它们赞助了一个竞赛，而这个竞赛承诺，选准每场比赛获胜者的人可以得到10亿美元的奖金。布鲁斯·霍罗维茨在《今日美国》上发表的一篇文章说，这种新的伙伴关系将速贷公司的品牌知名度在1个月内提高了300%[②]。那真是品牌关注。"

"是啊，我知道，可是我没有10亿美元去做营销活动或

① 美国大学篮球繁忙冠军赛季，特别流行，有几百万粉丝。——译者注

② Horovitz, Bruce.《速贷公司的三月疯狂计划获得成功》，《今日美国》，1999年8月1日刊载。——原注

奖金。”

我告诉她：“你不必如此，只需要找下已经产生新闻的时事就可以了。与其从零开始吸引人们的兴趣，不如跟一些已经起眼的东西联系起来。”

我建议她（也建议你）与潜在客户已经在关注的时事相联系，以此获得他们的关注。例如：

有没有可利用的节假日或年度活动？你有什么可以与 4 月 15 日自然搭卖的东西吗？毕业季、感恩节或情人节？

你的社区里流行什么活动？钓鱼竞赛、农贸市场、集市？你可以赞助这些活动吗，可以有一个摊位吗？

你当地的媒体正在播报什么？是如何成功搭配服装、动物保护协会、树皮公园和宠物之友联欢会，还是拯救河流？

我对这位会计师说：“丹妮（餐馆连锁公司）通过在退伍军人节这一天为军人提供免费餐，每年都被免费播报。或许你也可以这样，在退伍军人节这一天为军人提供免费的财务讲座。当你与潜在客户关注的当前活动联系起来时，他们更有可能会关注你。”

她告诉我：“你知道吗，我接下来做什么？我有两个打少年棒球联赛的孙子，我儿子在城里经营一家必胜客，我要在儿子的必胜客为获胜的团队办一场免费的比萨聚会。”

我说："很聪明，这样你既是在为社区做贡献，也符合你的当务之急，而且还能进入潜在客户的视线，不然他们也许注意不到你。我看这是个所有人共赢的点子。"

评论时事

我脑袋里总是有非常搞笑的长篇评论，不过我从没跟任何人说起过。

——伊兰·布斯乐，喜剧演员

现在的社会媒体如此发达，你甚至不需离开房间就可以把自己的重要事务与时事联系起来。把你脑袋里的评论发表出来，在网上晒出有意义的观点就可以了。

律师和网络安全顾问杰弗里·里特出席了一次我们的战略撤退，之后他就这样做了。他告诉我们："作为一名法律事务所的高管，我总是在全球飞来飞去，在关于数字信任的会议上讲话。我希望开办自己的咨询公司时也能那样业务不断，可是结果并非如此，我如何才能得到更多客户呢？"

我说："杰弗里，算你幸运，接下来你就有一个绝佳的机会，可以让你的工作免费得到世界的关注。”

“太好了，是真的吗？怎么做？”

“下个月就要开始奥林匹克运动会，他们是不是依赖数字信任？我的意思是说，我们必须相信电子摄像机和数字时钟是准确无误的，不是吗？你可以追随比赛在社会媒体上的流行话题标签，公布流量最多的事件。”

杰弗里采纳了这条建议，结果，由于他产生的媒体关注和尊重，他被聘请为乔治城大学、约翰·霍普金斯大学和牛津大学的教授。不要太吝啬，杰弗里通过评论时事让自己的工作得到了数百万人的关注。

从另一个角度看，充满“如何……”和“专家建议”的博客、文章、视频和帖子也许会被相关人读到，也许一些有心人会对你的话题感兴趣。

让更多人注意到你的工作，还有一个更好的办法，那就是对理想客户已经在关注的时事添加有趣的评论。通过联系备受注目的事件，你可以搭上它们的花车，从而来到大众的视线内，否则大众可能不了解或不关心你和你的产品。

行动问题：跟上时代

除非我们要添加新东西，否则就不会写作。

——史蒂芬·列维特和史蒂芬·都伯纳，《魔鬼经济学》的合著者

1. 你如何跟上时代？如何引用当前资源和当前研究，以便给你在 W5 表格上确定的情况添加新东西？

2. 你如何通过评论时事搭上它们已经产生的花车，而无须从零开始打造声势？

3. 如果你的项目没有新意，如何把它与新事物联系起来？如何通过与理想客户关心的时事相联系，从而与不知道你的客户沟通？

第八章
用全新的眼光看世界

当你重新睁开眼看世界时，突然不会再把任何东西当成理所当然了。

——德里克·弗兰克，哲学家

我记得，在《华盛顿邮报》星期日版读过一篇文章，后来我写关于它的博客，心想应该给作者普利策奖。

吉恩·温加腾的《早餐前的珍珠》[①]是杂志上如此璀璨的一页。他想："如果你在早上上班期间，带着一个著名小提琴家并把他搁在华盛顿地铁站旁边，会怎么样？这位小提琴家的最新专辑叫《不倦的精品》——一个同时让你的心怦怦直跳又痛哭的音乐峰会。"

如果你让他演奏六重奏，每一重奏都是"因独特的才华流芳千古的大作"，会怎么样？如果你再进一步，让他在罕有、数百万美元的斯特拉迪瓦里小提琴上演奏这些音乐艺术作品，会怎么样？

大街上来来往往数百人，有没有人为这场免费的音乐会驻足

① Weingarten, Gene.《早餐前的珍珠》，2007 年 7 月 20 日。——原注

几分钟？这场音乐会由“世上最后的经典音乐家之一”在“最珍贵的提琴上”演奏着“一些最优美的乐曲”。

约夏·贝尔演奏了45分钟（不错，就是约夏·贝尔，让全球音乐厅人满为患的约夏·贝尔），只有7个人稍有留意他的表演，另外的1070个人就像被人流间的奇迹吸引着一般匆匆离开。

温加腾的观点意义何在？有几条意义，一条可以引用W.H.戴维斯说的：“如果满腔愁闷的我们没有时间停下来看看，那么生活又算什么呢！我们如此繁忙、如此紧迫，失去了看见、听见和感激周围美丽的能力，付出了怎样的代价？”

另一个有趣的现象是：“虽然没有人口统计模式详细区分停下来的少数人和匆匆而过的多数人，不过每次孩子走过时，他/她总是试图停下来看一眼，不过每次都有家长把孩子迅速带走。”

这有些发人深思，不是吗？吉恩·温加腾以其才华横溢的文章和发人深省的社会实验获得称赞。请花一些时间读读他的文章，然后扪心自问：“我会花1分钟时间倾听吗？为什么？我是否变得如此繁忙和心事重重，以致我对周围已经熟视无睹？我错过周围的奇迹了吗？代价是什么？”

你注意到平凡的奇迹了吗?

也许我们永远不会真正欣赏当下，直到它受到挑战。

——安妮·摩罗·林博，飞行员

我写这一章是因为我渐渐理解了 INTRIGUE 法（凸法则）的一部分就是立志用新鲜的眼光看世界，而不是旧的、疲倦的眼光。你可能同意，留意平凡的奇迹是很重要的，不能把它们认为理所当然，然而我们大部分人都把它们视为理所当然。

为什么？如果你学习过马斯洛的需求等级理论，也许你还记得它的一个前提是“被满足的需求就不再是激励”。这句话什么意思？如果我们拥有自由、金钱、健康、工作、朋友和家庭，则这些就成为“被满足的需求”，所以我们就不再关注这些。

实际上，我们倾向于想当然，直到我们遇到重大的情绪事件。不幸的是，大部分重大的情绪事件是给人创伤的，比如离婚、被解雇、生病或失去喜爱的人，等等。

既然是真正重要的事，为什么一定要等到令人痛苦的重大情绪事件发生才关注呢？为什么不给自己一个假装的重大情绪事件，让你无须痛苦地获得顿悟呢？为什么不选择超越马斯洛的需求等级，从今天开始重新与重要的人和重要的事真正沟通呢？

重新与重要的人和事真正沟通的两种方式

当人们开始密切关注任何事，甚至一片树叶时，世界本身就变得神秘、令人敬畏和不可思议的华丽。

——亨利·米勒，剧作家

你是否在想“可是，我们如何超越马斯洛的需求等级呢？”下面就是办法，这两种方式可以帮你更关注真正重要的人和事。

1. 对待人或物若初见

一个无法再驻足观奇和出神呆站的人，犹如死人，因为他的双眼已经紧闭。

——阿尔伯特·爱因斯坦，天才

儿子们小时候，我和他们之间有一个每晚的睡前仪式，他们会说一些“感恩之类的话”，我会边给他们按摩边讲个故事。我们还给每晚不同类型的故事起了搞笑的名字，诸如“嘻嘻哈哈、指纹、紧张情绪和大杂烩，等等”之类。

一天晚上，我坐在他们旁边，给他们做着“碰碰”背部按摩，不过我并没有特别用心。当时第二天，我要飞去参加一场研讨会，一直在想“我的演讲稿打包好了吗，汽车需要加油吗，航班是几点起飞？”

然后，不知为何，我的眼睛莫名其妙落在了汤姆和安德鲁身上，我看着他们，就像第一次见到他们似的。一个平常的时刻变成了非凡的一刻。他们的年轻、活力、炯炯有神的眼睛透露出来的好奇、强健的身体……这些纯粹的美妙充满了我的心扉。一种幸运感蜂拥而至，能够成为他们的妈妈，生命中有他们也让他们生命中有自己，是多么幸运的一件事啊。

作家多丽丝·莱辛说：“这都是因为我一直睁眼看世界。”任何时候，只要你想，你都可以把平凡的时刻变得非凡。简单地说，把你正在做的事情放在一边，环顾四周，用第一次或最后一次的眼光去看待人或事物。一旦这样做，你就会用重新欣赏的眼光看待，因为你正在用好奇的眼光看待。

2. 想到的时候不妨写下来

国王继续说：“那一时刻的荣耀，我是永远永远不会忘记的！”

“可是，你还是会忘记的”，女王说，“除非你对它做个备忘录。”

——路易斯·卡罗尔，作家

你读过《爱丽丝梦游仙境》吗？你还记得上面这段话吗？连女王都知道对待思想要趁热打铁地记下来。

我一直非常感谢《国家地理》的前摄影师德威特·琼斯，他向我展示了为什么在想起来的时候就记下来是如此重要。德威特和我曾在毛伊岛边散步边讨论关于直觉的话题。直觉是什么，又从何而来？为什么有些直觉从来不会出错？我们如何运用直觉？

德威特当时正在做一些令我困惑不解的事情。我们大概走了一百米，德威特就停下来，从口袋里掏出一个小型笔记本和一支笔，写下点东西。我们又走了二三百米，德威特又停下来，匆匆写些东西。他一直这样，到最后我终于忍不住了，问：“德威特，你在做什么啊？”

他回答：“山姆，我要获取灵感和思考，‘这将会是我专栏里的小趣闻’或‘我要记录在我的笔记上’，不久之后我就投入到其他事情中，把这些小趣闻忘掉了。我知道自己是靠思想谋生的，而我正把这些生活馈赠的黄金视角丢开。我曾经告诉自己，一旦有什么新想法，就要立刻写下来，这样它们就不会转瞬即逝了。现在，这已经习惯成自然了。”

多少次，你曾注意到或想到迷人的事，却因忙碌了一天而忘记？这许多年来，我一直在研究关于创新和激发兴趣的话题（这些话题令人陶醉）。如果说我在其中学习到了什么，那一定是我们最好的点子就是以这种方式产生的，它们如昙花一般出现在我们的脑海中，如果我们不立刻记下来，它们就会消失，就会被其他竞相吸引我们的事情所淹没。

从现在起，一定要对那些闪闪发光的思想火花“做笔记”。不妨随身携带一个笔记本或数字记录器，或者给自己打个电话留个语音备忘。努力在有趣的观察结果消失之前捕获它们。记住：它们被称为稍纵即逝的想法不是无缘无故的。

趁热打铁地匆匆记下想法是我的做事方法，希望也能被你采用。把生活当成实验室，想到的时候就记下来，这样做的意义几乎是我用语言无法表达的。

作家纳塔莉·戈德堡说：“作家是生活两次的。”如果你在想到的时候记下来，那么你就生活了三次。一次是在你注意到有趣的事情并把它写下来的时候，另一次是在你回顾笔记，回忆那个灵感瞬间的时候，还有一次是你分享有趣观点，见证它对别人造成的影响的时候。

你把注意力分配在哪儿?

告诉我你平时都注意什么，我就知道你是什么样的人。

——何塞·奥特嘉·伊·加塞特，哲学家

从今天开始暗自发誓要记录生命中对的事，而不是错的事。刻意选择注意那些正能量，而非着重讲人类不人道的新闻。例如，埃里克·惠特克引领了一个“虚拟合唱团，有来自58个国家的2000多人同时在线[①]”。

正如作家韦恩·戴尔说的那样：“当你改变看待事物的方式时，你看待的事物也会随之改变。多注意一些真正重要的人和事，你就会开始欣赏平凡世界里的奇迹。把注意力集中在对的人和事上，你会看到人生的另一番风景。”

---

① Whitacre, Eric，《2000多人的虚拟合唱团》，2011年3月9日。——原注

行动问题：用全新的眼光看世界

真正的发现之旅，不仅包括探索新世界，还要以全新的眼光看待世界。

——马塞尔·普鲁斯特，作家

1. 如果用全新而不是疲惫的眼光看待人，你会重新联系谁？怎样才能养成待人接物皆如初次或最后一次的习惯？

2. 你打算如何超越马斯洛的需求等级理论，从今天开始，以后每一天都多注意真正重要的人和事。

3. 你如何在想到的时候就记录下来，这样你就可以记录生命中对的事情而非错的事情。

第九章
让幽默带给人喜悦

我总是十分惊讶为什么哲学家会忽视幽默呢，其实幽默是比推理更重要的思维过程。推理只是把观念分类，但幽默却可以改变它们。

——爱德华·德·波诺，作家

爱德华·德·波诺是个聪明的男人，真让他说对了，幽默不仅能引起人们的有利注意，而且能帮他们以新的视角看待事物。

人们因你而笑，这是你已引起他们有利注意的明显标志，还有比这更明显的标志吗？正如喜剧演员琼·里弗斯说的那样，“当你因一件事而开怀大笑时，自然就记住它了。”

一个客户告诉我：“我知道幽默很重要，可我就是没那么风趣。”

我说：“或许你认为自己不够风趣，但是每个人身上或周围肯定都发生过一些有趣的事，你需要做的，就是去留心能令你发笑的事情，然后再根据主题加以灵活运用。”

他们不会无缘无故地称之为喜剧救济

如果你不把自己弄得过于严肃，那么很快，你就会发现日常生活中处处有幽默。而且，有时候，幽默甚至可以充当救兵的角色。

——贝蒂·怀特，演员

你在W5表格中所描述的情况是“严肃事件”吗？你是否觉得如果它是一个严肃的话题，你就需要保持严肃？错。人们无法长时间注意严肃的东西，也许他们明白应该听，可是如果需要他们没有的纪律、激励或者款待，那么无论你在说什么，他们根本听不进去。

可是开怀大笑能让人们听进去。适度的幽默能让一直保持专注状态的大脑休息，微笑或大笑能够重启人脑的注意力。

我最好用实践说明自己教的东西。我刚刚用了一整页纸阐明幽默的好处，何不分享一个实例，告诉你可以如何用幽默让人喜悦呢？

如何将真正的幽默融入互动中

我很早就明白，当我让别人笑的时候，他们就会喜欢我，这是一条我永远也不会忘记的经验。

——阿尔特·布克沃尔德，幽默专栏作家

很多年前，当我在旧金山机场时，一个大高个从对面向我走来。我简直不敢相信，前面有些人指着他大笑。我想，这是多么粗鲁的行为啊，怎么能这样。

他离我更近一点儿时，我明白那些人为什么笑了。原来，这位大高个穿着一件 T 恤，上面用大写字母写着："不，我不是篮球运动员。"他走过时，我转身要说点什么，结果突然大笑起来，因为他的 T 恤衫背面写着："你是赛马骑师吗？"

我得去见见这个聪明的年轻人，所以我赶紧跑回去追上他，问："你从哪里弄来的这件了不起的 T 恤衫？"

他笑着说："这不算什么，我有一抽屉类似的 T 恤衫，其中我最喜欢的一件上面写着'我身高 2.2 米，这里的天气很好'。"

我问他："你是怎么想出这些的？"

他说："哦，我可想不出来，是我妈妈想的。16 岁到 18 岁那 2 年，我就长高了 30 多厘米，那时候我甚至不想出门了，因为每个人都会对我指指点点，做一番自作聪明的评论。后来，我妈妈对我说'如果你不能打败他们，那就加入他们吧'。这些点子都是她想出来的，现在，我不再因为身高受挫，而是以此为乐了。"

幽默是多么可取，这便是个很棒的例子。那位聪明的年轻人没有把自己整得太严肃，反而变得轻松自得而不是紧张兮兮。

灵活运用警句说明观点

在人们的家里是很荣幸的，但是我这么晚还在继续。人们的最后几秒肯定是在关注我，因为我只是想给他们一些欢笑。

——吉米·法隆，《今夜脱口秀》的主持人

分享完幽默故事后，一定要给观众"勾勒"出警句，这样才能让观众和故事之间产生联系。"勾勒"包括故事的关键词或观点，在上面那个故事中，"勾勒"就是"没有被挫败，反而以此为乐了"。用"以你们开头的问题"把警句重新抛给观众，让他们思考自己可以如何应用这个道理。

例如，你可以问："你有特别敏感或自我的事情吗？你是否愿意以它为乐，而不是被它挫败？为什么不想出一个毫无争议的翻盘，让自己以此为乐，而不是为其所恼呢？"

想知道我在机场遇到的另一个实例吗？它一发生，我就知道这是幽默中的幽默，而且我会以某种方式在我的节目和书籍中分享它。身边发生的有趣的事情是一个礼物，从现在开始理解这一点吧，打开这些礼物，总结学到的经验，并灵活运用到相关交流中，用幽默让人喜悦。

一位客户告诉我："我觉得讲笑话让我不舒服，大部分笑话我要么听不出笑点在哪里，要么觉得有些无礼，我不想冒疏远观众这个险。"

我对他说："我很高兴你直说了这个问题，我也觉得讲笑话不明智。笑话本身就是极端的，况且还都是'瞎编'来的。我建议你使用真实的幽默，这样人们才能相信你。如果你分享的是真实经历，那么你就会可信，因为你没有胡编乱造啊。"

搜寻能让你哈哈大笑的事物

幽默无处不在，因为几乎人们做的每一件事都蕴含着讽刺。

——比尔·奈，科学家

午夜时分，丹尼丝·布罗索在看最后一遍《如何成为一个思想领袖》的手稿，她意识到自己的演讲稿有点过于严肃了，如果加入一些真正的幽默就会更有趣。她只需要想想最近让自己发笑的情况，添加到演讲稿中就可以了。

例如，她在一章里讨论“高学历是挺好的，但对成为所在领域的思想领袖而言也并非必不可少”，为了说明这个观点，她分享了在斯坦福大学附近婴儿用品店购物时发生的一个故事。

等待结账时，她被一对夫妇逗笑了。这对夫妇在她前面，想买婴儿床，小心翼翼地看着盒子上的说明书，紧张地问收银员：“说明书上说我们要一点儿一点儿把床组装起来，我们自己会装吗？”

收银员天真地问：“你上过学吗？”

“哦，当然啦，”男人确定地说，“我是工商管理硕士，我妻子是博士。”

收银员亮出一个大大的微笑，道：“哦，那你懂得雇人了。”

真是个天大的讽刺！

丹尼丝告诉我：“收银员的反应让人如此意外，我们都突然大笑起来。我现在把这个故事添加到自己的演讲中，每次都能让人开怀大笑。”

丹尼丝说对了，让人出乎意料的反应通常会引起开怀大笑。实际上，你知道爱因斯坦是怎么确定自己有了一个好主意吗？他大笑。所以，保持对讽刺的直觉是最好的，讽刺可以被定义为“出乎意料的结果”。

从现在开始，如果有些出乎意料的事情让你发笑，那就把它写下来，然后看看能如何把这些事情融合到即将到来的情境中，让人们从“严肃事件”中开怀一笑，重新开始关注你和你的话题。

还有哪里可以找到合适的幽默?

如果你能同时既幽默又严肃，那么你就已经创造出一个特殊的东西，这也正是我在寻找的，因为如果你华而不实，你就会失去一切。

——保罗·西蒙，歌手

你还可以在哪里找到真正的幽默？信不信，我每次看《华尔街日报》或《华盛顿邮报》，都能发现一些有趣的观点或让人哈哈一笑的轶事。这些观点和轶事可以为我想说明的观点添加一丝幽默。

《华盛顿邮报》上曾刊登过一个关于前国会女议员帕特·施罗德的小故事，这个小故事就完美地诠释了我上述的观点。施罗德首次走进自己在雷伯恩大厦的办公室时，她很惊讶地发现有一个小礼物在等着自己打开呢，这份礼物来自查理·威尔逊，而查理是出了名的爱开玩笑。

施罗德满怀期待地打开礼物，却发现里面躺着一张墓碑的照片，照片上刻着“这是戴维·克罗克特的妻子”。照片下面，威尔逊还留了一张便条，潦草地写着“在得克萨斯，女性甚至不能有自己的墓碑[①]”。

神经病！她冲向他的办公室，准备给他一顿臭骂。她非常气愤地走进他的办公室，却发现他靠在椅子上，两只脚放在桌子上。威尔逊咧着嘴笑笑，跟她打招呼道：“嘿你好，宝贝儿。”

施罗德这时觉得自己面临一个选择，她可以指责他的行为放肆，可是这样又能怎样呢？相反，她反唇相讥道：“是啊，这是国会议员宝贝儿在跟你说话。”

威尔逊笑了，他们成了朋友，并最终一起致力于立法。

现在，你可能会纳闷，为什么施罗德没有骂他一顿？她可以骂他一顿，可是那样的话，威尔逊会继续取笑自己，因为他的取笑成功了。她没有骂他，反而以德报怨，这让威尔逊用全新的眼光看待她，他们也因此成了盟友，而不是敌人。

我并非建议你在真正过分的行为面前也一笑置之，有些时候受到不善待遇，一定要反击，不过也有些时候，就像施罗德和大高个所证明的那样，你可以用幽默这个救星把负面关注转变为正面关注。

---

① Carlson, Peter.《坚持己见》，《华盛顿邮报》，2007 年 12 月 22 日。——原注

行动问题：把幽默转变为喜悦

如果你能对着它大笑，那你就能和它一起生活。

——尔玛·鲍姆贝克，幽默专栏作家

1. 想想你在 W5 表格里确定的情况，如果它十分严肃，没有一点儿人情味，那么人们还会关注它吗？你打算如何提供喜剧救援？

2. 你或你周围发生过什么让自己大笑的事？你如何把它灵活运用到自己的主题中，让人们以全新、更积极的方式看待你的话题？

第三部分

INTRIGUE 之 T：高效

通过高效赢得信任

如果你无事可做，那就什么都别做。

——办公室海报

INTRIGUE 法（凸法则）的前提是人们总是缺乏耐心。

他们的内时钟总在嘀嗒嘀嗒作响。

我们必须证明，而且不断证明，我们值得他们花时间和注意力。

如果不这样做，他们就会从心理上逃走，注意其他事。

本章节介绍的几种方法，是让你把沟通变得最简明扼要，这样人们才会相信你值得他们花时间和精力。

第十章
说话不简练，难怪被讨厌

让我们与房间里的大象打个招呼吧：“嗨，大象！”

——吉恩·温加腾，幽默作家

你知道商业交流中房间里的大象是指什么吗？其潜台词就是：“你需要多长时间？”

一个流行的办公室海报上写着：“当机会在敲门，人们恰好破门而入。”如果人们突然闯入，却没有问时机是否恰当，我们就会恼怒和焦虑。

焦虑？是的，焦虑被定义为“哦，我不知道”。如果不知道一个人需要我们注意他多久，那么我们就不会去注意他。我们心里一直在盘算：“难道你没有意识到自己正在打扰我吗？拜托快点，我还有事呢。”

这就好比著名的《纽约客》卡通画家鲍勃·曼考夫在电话里对总经理说的那样：“星期二可以吗？不可以？永远挑不出时间可不可以？永远挑不出时间应该可以了吧？”

从现在起，如果你想要引起人们注意，不妨先具体地告诉人们你需要多少时间，然后尽量请求少一点儿的时间，当他们发现你要求的时间比他们预期的还要短时，人们会吃惊，也会更高兴。

激发人们关注你的秘诀

我们应该成立滔滔不绝症患者互助组，就把这个互助组称为“没完没了互助组吧”。

——波拉·庞德斯通，喜剧演员

一位企业家跟我说，他准备动身去英国，把他的应用推荐给伦敦奥运会首席技术官（CTO）。于是我对他说：“这是个难得的机会，迈克，你有多长时间做介绍？”

“1 个小时”。

“想要听些建议吗？你可以刚开口就引人注目，获得订单。我知道你已经想好了如何利用这 1 小时，也知道你还有 212 天的时间准备这事，我完全可以想象你的准备有多充分。不过，我建议你把介绍精减到 10 分钟。感兴趣的话，我随时恭候。”

“可是这么短的时间，根本不可能解释清楚我的软件如何应用。”

“迈克，CTO 的事情多，担子重，如果你 10 分钟还没讲完，他就不会再听你讲什么了，甚至可能产生反感，抱怨你耽误了他的其他工作。尽可能简练，让他想要听到更多内容，这是你最好的策略。”

好奇这件事最后结局如何吗？这位 CTO 没有签下迈克的应用软件，因为他们的发行准备时间实在不足。不过，他确实称赞了迈克的专业性，并告诉他希望以后能有机会合作。

这个故事的关键是，花更少的时间虽然不能保证一定为你赢来生意，但一定能让你获得人们的有利注意和好声誉。

如何做到简明扼要又富有成效

积极注意与生产率密切相关。

——汤姆·皮德斯

一位公司总经理雇我同他们其中一位项目工程师谈谈。他说：“里克（这里用的化名）的工作能力很强，但他实在太健谈了，而且好像天生不会直截了当地说到点子上。一个会议如果实际上需要 1 个小时能开完，他就需要 3 个小时。他的团队常在背后对此议论。这阻碍了他的职业发展，你能让他说话简练点儿吗？”

我对这位经理说：“我赞成你的看法，这个特点确实可以决定事业成败。好消息是，高效是一项可以通过学习获得的技能。我希望能和他接触一下。”

于是，我们安排了第一次会面。不到半小时，我就理解了经理的担心。很明显，里克东一句西一句，天南海北，完全没有中心。他一直喋喋不休地讲着，直到最后没有什么可以说的为止，他从来不揣摩一下自己说的话是否有价值或前后是否相关。

考虑到他是一名工程师，所以我想他应该会比较尊重计数单位，于是我们在沟通中开始运用字数限制。我说：“你想，微博里只让写 140 个字，是 140，不是 141 哦，141 个字就太长了，无法发表。这是典型的字数限制例子，从现在开始，你所有的谈话都可以运用这个例子。”

里克很聪明，很快便提出其他有关时间或范围受限的例子。“Snapchat（阅后即焚）图片分享应用只能维持 8 秒，TEDx 演讲只有 18 分钟，Vines 操作系统只能维持 6 秒，赛斯・高汀的博客基本上都在 200 字以内。

“的确如此。你知道‘五句’邮件吗？ 这种邮件有剪切粘贴栏，你可以放到签名档里，让人了解你发送简短邮件的风格。工作人员平均一天发送 43 封邮件，收到 130 封邮件，所以要想让你的邮件受到关注，一定要让你的邮件简明扼要，这会起到至关重要的作用。”

简明扼要才会获得更多关注

我努力省去读者跳过的部分。

——埃尔莫·伦纳德，作家

我告诉里克："限定谈话的时间和范围，其美妙之处就在于你必须筛掉人们会跳过的内容。"

"可是我怎么知道该保留哪些、省略哪些呢？"

"嗯，盖伊·川崎非常赞成简短的邮件，他认为你的邮件只需回答清楚下面 5 个问题就可以了。这样的邮件既简洁又有礼貌。"

- ◆ 你是谁？
- ◆ 你想做什么？
- ◆ 为什么找我？
- ◆ 我为什么要做你请求的事情？
- ◆ 接下来做什么？

我问里克："你觉得开会呢，你有没有时间限制？"

“没有啊，我们什么时候谈完所有事项、达到目的，什么时候结束。”

“哦，”我说，“你听说过帕金森定律吧？也就是说，只要还有时间，工作就会不断扩展，直到用完所有时间为止。霍恩定律也可以这样解释，只要还有时间，人们的谈话就会不断延伸，直到用完所有时间为止。所以从现在开始，会议上的每个人包括你自己在内，都最多只有 3 分钟的时间来陈述观点。这样一来，大家都必须只分享那些对团队最重要的信息。人们会根据我们是否守时判断我们是否可信。选一位计时员，让大家知道我们每个人都很忙，所以从现在开始，我们的会议会准时开始，准时结束，而且每个人都必须对自己有限的时间负责。”

给你的谈话“穿件稳定背心”

最后期限是一种消极的灵感，但还是比完全没有灵感好。

—— 丽塔·梅·布朗

我们正讨论着，眼看一场突如其来的暴风雨即将来临。远处电闪雷鸣，墨菲（我的狗）四处踱步，喘着粗气。“抱歉，里克，”

我说，“我得去帮墨菲穿件‘稳定背心’，她遇到暴风雨总会惊慌失措。”

里克看着我给墨菲套上衣服，他问我：“这管用吗？”

“嗯，这就好比给婴儿穿上襁褓。因为婴儿感觉周边的世界无限大，所以会不安，甚至乱动。但是如果你用毯子包裹住他们，他们就感觉自己的世界是有限的，非常安全，有点像在妈妈的肚子里。墨菲就是这样，一给她穿上‘稳定背心’，她的精力受到限制，就会安定下来。”

里克开始笑了，说道：“山姆，这就是我们正在做的事情啊，我们正在为我的会议和邮件穿‘稳定背心’，裹住我们的谈话。”

用“襁褓”裹住谈话

被迫在严格的框架里工作时，人们总能把想象力发挥到极致，并想出最绝妙的主意。拥有完全自由时，人们的思绪反而可能无限蔓延。

——T.S. 艾略特，诗人

午餐时，里克和我进行了一次有趣的对话。他承诺一定做到

“说话简练”。他说：“我们的讨论对我的影响很大。如果我总是漫无目的地说，那我的谈话就一点儿范围也没有，我的沟通就是开放式的，我需要‘用襁褓裹住它’。设定适当的截止时间和更严格的范围限制，可以让我每个字都说到点子上。”

举个例子，如果我确定一共写10页纸，这就是一件‘稳定背心’，会改变我写作时的心态。问题不再是“这个例子或见解能引人注目吗？”而是变成了“我是不是超出了10页纸的限制？如果超出了，肯定有些没用的内容要删除。”

事实上，如果有些东西真的那么重要，即使我们没有放到文章里，人们也不会错过。

听到客户对“裹住谈话”的理解，我非常开心。一位协会主管告诉我：“我想立刻把这些告诉董事长。我们正为没人愿意参会而头疼呢，而且我也知道为什么大家都不愿意参加协会。要承担的责任实在太过模糊，人们在不知道一件事要花费他们多长时间时是不会答应的。也许他们厌倦了开会，会场上每个人都说个不停，却什么事情都无法确定。我要提议给时间规定也穿上件‘稳定背心’。如果我们承诺一个月只开一次会（除非一次会就需要开一个月的时间），那肯定有更多人愿意加入协会。如果我们做到准时开始、准时结束，而且每场会议不超过90分钟，那肯定能吸引更多的人。”

为什么不说话简练呢？

每个字都要有意义。

——威廉·斯特伦克和E.B.怀特，《文体指南》的作者

你可能好奇，如果我们都认为简明扼要是引人注意的最佳方式，那为什么却经常做不到呢？

这是个好问题。一位兴趣机构的负责人莫·萨胡对此有一套理论，解释了我们为什么很难做到去繁从简。他谈道："在学校里，学生直接说到点子上反而会受到惩罚。如果老师布置了20页纸的作业，你就必须交出20页纸，少于20页就要减分了。哪怕你10页纸的内容比20页纸的内容更优秀也徒劳无功，总之是你没有完成作业。我们被训练成'填料大师'，尽可能拉长文章来阐述观点，还会因此受到表扬。"

莫说得没错，我们从小被教育重视"量"，而且这种习惯一遍遍受到奖励，因此我们许多人至今仍把"量"作为完成功课的标准。

如今是一个"低挫败容忍"的文化，如果你想引人注目，最

好把“越多越好”的观点扭转过来。你越啰唆，失败得越快，堆砌只适合留在橄榄球比赛中。记住，没有人会因你节省时间说话简练而生气。如果需要了解更多细节，他们会问的，所以从现在开始，越短越好。

行动问题：说话不简练，难怪被讨厌

有人真的知道现在是什么时候吗，有人真的在意吗？

——罗伯特·拉姆，芝加哥作词家

1. 你 W5 表格上的交谈预计花多少时间？你能否把所需时间和注意力降至最低，好激励人们把时间和注意力花在你身上？

2. 你能不能给人们一个愉快的惊喜，说“我能想象出你们有多么忙，所以我已经把我的演说浓缩在 N 分钟内（比他们预期的时间少）”。

3. 你如何用“稳定背心”裹住自己的谈话，让它因高效而赢得信任？你会给自己的邮件和会议施加可测量的限制吗，这样才能高效地利用人们的注意？你会用五句邮件吗？你会规定自己和团队成员在 3 分钟内报告完毕，好让会议准时开始准时结束吗？

第四部分

INTRIGUE 之 R：可重复

转身就忘，流传不广

真正的交流不在于你说了些什么，而在于对方听了些什么。

——汤姆·莫纳罕，创意教练

能吸引别人一时半刻的注意力还不够，你得想方设法在接下来的日子（几个月）里，牢牢抓住别人的眼球。

我们的目标是：要人们一直对你、你的想法和产品感兴趣，让人们自愿对此一传十，十传百，进而让你和它们产生长久深远的影响。

本章将教你如何在交流中给人留下深刻印象，让你和你的话语萦绕听者心间，而不会像水过鸭背，流过无痕。

第十一章
创造引人之语

如果你看到什么，就报告什么。

——大都会运输局的安全运动

《风月俏佳人》（全球总票房超4.63亿美元）的导演加里·马歇尔在毛伊岛作家会议的主题演讲上说过一些意味深长的话，这些话语我记忆犹新，就像今早刚说过一样。他说：“好莱坞的导演可以预料到他们的电影会不会赚钱，但重点是观众走出电影院后，能不能记住电影中的一些对白？”

试想一下，如果你走出电影院，口里还自发重复着电影里的精彩对白（比如“我会要你好看的”“我会回来的”“我要赚大钱”），这说明你已经着魔了。这时，如果有人问你“最近看了什么好电影”，你会绘声绘色地讲述电影，恨不得他能马上去电影院观赏一番。你在给电影做口头广告，一切皆因编剧那脍炙人口的对白，让你念念不忘。

加里·马歇尔强调，让人念念不忘的语句存在于所有的互动之中，舞台上、文章中、网络里，无处不在。人们看你的视频、读你的文章或浏览你的网页时，会不会一字一句重复你写的句子或说过的话?

如果不会，说明你的话没有给他们留下长久的印象，那么这些话就是耳边风。如果想让你的语句在人们心中留下长久印象，就精心炮制一句引人入胜的话，让人们争相传颂吧。

什么是引人之语?

无论传递什么样的信息……其目标都是要引起共鸣。

——玛德莱娜·奥尔布莱特，前美国国务卿

什么是脍炙人口的短语？朗朗上口和言简意赅才能引起共鸣，所谓共鸣，就意味着“产生长期或深层次的影响”。你要的正是产生共鸣。你想要与人沟通，想要引起共鸣，而不是让自己的话成为左耳入右耳出的耳边风。脍炙人口的短语需要：

- 简明扼要地总结你想要人们记住的信息。
- 总结你想要人们采取的行动，最多不超过 8 个字。
- 能够引起共鸣，让人们自愿一传十，十传百。
- 用作可经营、可套现和创造利润的标题。

恰当的时间说恰当的话，不仅可以吸引众人的目光，还可以让生活变得更加美好。尼基·乔瓦尼为弗吉尼亚理工大学惊魂未定的师生所做的激动人心的诗，就是一个很好的例子。

与人沟通，要在恰当的时间，用恰当的语言

言语是人类所使用的最有效的药方。

——吉普林，作家

2007年4月16日，一个精神紊乱的青年带有2支手枪在弗吉尼亚理工大学四处游荡，最后，他杀了32人，伤了至少17人，然后饮弹自尽。

可以想象，发生这样的事件，无论是对在校师生，教职工还是学生家庭都是个平地惊雷。发生枪击那天，我的儿子汤姆及安德鲁都在学校。万幸的是，他俩都平安无事。事发第二天，他们打电话给我，跟我说起卡塞尔体育馆追悼会上那激动人心的讲话。追悼会上，前面几位发言人的话都说起那场惨剧的恐怖，把大家从挥之不去的噩梦推进甚至更深的绝望。

随后，该校教授尼基·乔瓦尼上台发表讲话。她是一位诗人，知道适当的时候讲些适当的话可以给绝望的人们带来希望。尼基朗

诵了一首前晚作的诗，她的声音铿锵有力，毋庸置疑，那首诗是：

走过悲伤，跨过血泪，
我们将继续开创未来。
我们是“霍奇鸟”，
我们弗吉尼亚理工人，
永不言败，
永不言败，
永不言败，
胜利终将属于我们。[①]

汤姆和安德鲁说道：“在场的人都异口同声地跟着她喊：‘我们弗吉尼亚理工人，永不言败！’尼基·乔瓦尼重构了已发生的事，将众人的焦点从当下的情境拉向光明的未来。”

尼基·乔瓦尼的口号“我们弗吉尼亚理工人，永不言败”，冲出了体育馆，在镇上大小商铺的橱窗横幅中回荡。学生和教职工都佩戴写有这些文字的腕带，他们用这些腕带提醒自己，不要为过去的无能为力而沮丧，要立足当下，贡献自己的一点儿力量。这些文字振奋了人们的精神，他们万众一心，携手向前。

---

① Giovanni, Nikki.《尼基·乔瓦尼的会上发言稿》，2007年4月17日。——原注

五步打造一个易记的口号

我知道我的作品五十年后依旧会与读者产生共鸣。我是一个小说家，我强烈地感觉到自己有能力，有条件去改变人们的观念。

——朱迪·皮考特，作家

可能有人会说，我又不是尼基·乔瓦尼，怎么才能想出那样一呼百应的口号呢？

不必是作家，也无须是诗人，甚至也不用擅长文字，你都可以想出不朽的口号，改变人们的想法和行为。每次与人交谈，你都有机会传播正能量，去影响到他人。这听起来像痴人说梦，但是这千真万确。

近 20 年间，我有幸指导过人们，指点他们怎么做才能更简单明了，引人注目。我亲眼见到过指导前后的巨大差异。只要肯下功夫，你想出来的那朗朗上口的口号，也能号召人们行动起来。吸引人的口号，不但可以增强你的文字感染力，还可以在人群中传播开去，经久不息。下面五个准则可以助你一臂之力：

1. 精练：口号要精简到八个字以内。

你想要人们记住什么，有什么样的感觉，着手去做什么或者不再做什么？假如你的口号只能在一件事上发挥作用，那么你希望是什么事？将这些整合成一句只含一个动词的话，让人们读完就有想去做的冲动。记住，这句话要控制在 8 个字以内。

2. 节奏：说话有节奏，易于重复不会愁。

把你那句想要引人注意的短语想象成拼图游戏。可能一开始韵律不合，不过只要你一边大声朗诵一边多试几次，总会找到自成节奏的句子。放开声音，“如果你看到什么，就报告什么”。看，脱口而出并非难事。如果这个字不行，就换另一个，多试几次，等听到的句子无可挑剔时，字词的组合就近乎完美。所有词都无须修改时，句子自然就成形了。

人们觉得你的话简单易懂，富有趣味时，就会自动传播出去，一传十，十传百。这样一来，你和你的当务之急就归根结底有了结果。《本周杂志》有文章指出过“过去了的，就让它随风而散”。是“引用最广，谈论最多，见报最频繁的广告语”①。这句见于各行各业的广告语，给商家带来数十亿美元的额外收益。这个吸引人的短语已经成功见效了。

3. 押头韵：用声音相近的字起头。

你有没有试过用“隔热纸板”围着一杯热咖啡，这样你的手

---

① Shankman, Samantha.《“过去了的，就让它随风而散”的生活简史》，《本周杂志》，2013 年 10 月 1 日。——原注

指就不会烫到了？企业家杰伊· 索伦森从中看到商机。他知道要卖一件没有名字的商品是非常困难的，同时，他也知道用头韵法命名可以让这个产品给人留下深刻印象。因此，他将这个产品命名为“爪哇茄克牌咖啡杯隔热套”，并垄断了整个市场。事实上，他说“本来想买其他家隔热套的顾客，忘记了他们的名字，结果就买了我们的产品”。

别人记住你名字而打你电话，这不是很好吗？你的信息读着有趣又朗朗上口，于是别人把你的信息一传十，十传百，传开去不是很好吗？ 通过使用押头韵的句子，增加制造这种情况的概率吧。

4. 韵律：想要被持久记住，就要有韵律。

因车祸而伤亡的人数令美国政府头痛不已，因此，美国政府举办了一场公益活动，意在说服公众乘车出行要系安全带。活动的名称是什么？“安全带保安全”“呵欠害你三分，安全带保你一分”“不系安全带，做好汉要再等十八年”。

几次活动下来，却不见成效。后来，他们在口号中用了韵律和节奏。“开车不扣安全带，罚单随现你身边。”这句标志性的话语，听着是不是很熟悉？这个有趣的短语不单单吸引眼球，而且还可以让更多的人遵守这项规则，车祸伤亡人数骤降[1]。这足

---

① Lane, Kathy.《开车不扣安全带，罚单随现你身边获压倒性公众支持》，《国家安全委员会》，新闻发布，2004 年 5 月 17 日。——原注

可以说明引人之语并非“讲就天下无敌，做就有心无力”，它可以改善个人行为，甚至改变我们的生活，挽救我们的生命。

5. 抑扬顿挫：缓急有致地表达引人之语。

传达口号时语速不能太快，声音不能过低。事关重大时，人们很容易紧张，语速不自觉加快。他们下意识地要将话说完。但，你有你的口吐连珠炮，别人有别人的耳边如阵风。

学术出版社J.K. 罗琳（《哈利·波特》系列小说的作者）的编辑亚瑟·莱文听完我主持的节目后，对我说：“山姆，我喜欢你的讲话方式，吐字清晰，缓急有致。”

表达想法时，要一字一句清晰地说出来。稍作停顿，等听众都在等你说下去的时候再继续，之后再给四五秒时间听众回想听到的话，消化，吸收，记在心间。

让你的引人之语脱颖而出的另一种方法是：

◆ 想要引人注意时，可用句型“我们的研究发现最令人吃惊的就是……”

◆ 可说“请记下这些内容，好与同伴分享……”

◆ 想要口头强调时，可以说“我学会的最重要的一件事就是……”

◆ 想突出某个观点时，可以说“今天的演讲希望你会记住的是……”

在引人之语前停顿一下，然后清楚有力地表达出来，随后停顿三五个节拍，让人们听到后，立马有时间去反刍一遍。

用笔写下？难道你想让你的引人之语成为笔下一行字，然后跟笔记本一起被尘封起来吗？!

要明白你整合而来的引人之语须韵律清晰，节奏分明，抑扬顿挫。这点至关重要，它可以让人们记住、分享和实施你关心的事。

下面是最后一个例子，说明一下将智慧浓缩成一句引人瞩目、广泛流传的传承之句有什么好处。

你的话会流传下去吗?

我不能一直都是那个只会唱《我吻了一个女孩》的歌手，我得留下一点儿东西。

——凯蒂·佩里，歌手

凯蒂说得不错。我们都渴望创造不同，希望我们留下来的东西随着时间流逝而越发有价值。在 2012 年宾夕法尼亚艺术大学毕业典礼上，尼尔·盖曼发表了深刻而有见地的讲话，那次演讲及其七字忠言就是一个好例子。

尼尔·盖曼对毕业生说，在他的职业生涯早期，畅销书作家斯蒂芬·金跟他说“这太棒了，你应该乐在其中”。

尼尔·盖曼坦言：“可我没有……在接下来的14年里，我总是搜肠刮肚，写个不停。我没有停下来去看去想，这才是乐在其中……可我总是忧心忡忡，所以不免有些遗憾……祝你们好运……聪明一点儿……做好你自己，为世间多添点趣味！创作美妙的艺术。[①]”

尼尔·盖曼的坦白和鼓励毕业生创作美妙艺术的忠告收录在《创造美妙的艺术》一书中，该书拥有一百多万读者，荣登畅销书榜。这一切都要归功于尼尔·盖曼能将他宝贵的经验浓缩成言简意赅、能够流芳百世的精华[②]。

让我们换个角度看看。我们参加过多少次毕业典礼？毕业典礼上都听到过什么？如果不记得了，那只能说这些毕业典礼没有什么值得一提的东西。框框条条下的内容最容易忘记。为什么心甘情愿困在里面呢？为什么不像尼尔·盖曼那样构思出让人记忆深刻的语句呢？

---

① Gaiman, Neil.《创造美妙的艺术》，《艺术大学》，2012年5月17日，主题演讲。——原注

② Conan, Neal.《尼尔·盖曼将毕业典礼演讲转为“美妙的艺术”》，美国国家公共电台，2013年5月14日。——原注

作家利奥·罗斯滕说过："生命的本质在于行动：于不凡的创造中感受自己，此生无悔。"如果你不满足于抓住人们的眼球，如果你还想让他们有点行动，那么花些时间，想出一句可以流传开去的话语，鼓励人们勇于尝试，让人们因你的努力而收获真正的价值。

行动问题：创造引人之语

我们的所作所为都会在别人的记忆中流传下去。

——罗莎·帕克斯，民权斗士

1. 对照W5表格，看看你是否已经准备好想出一句引人之语，传播四周，去触动别人和影响别人？这个句子是什么？

2. 问一些信得过的人"这个句子还记得吗？"看看这个句子情况怎么样。如果他们连一个相关的字都说不出，那说明你的句子如水过鸭背，流去无痕。再接再厉吧。这次的句子要抑扬顿挫，合乎节拍韵律，才能萦绕读者心间。

第五部分

INTRIGUE 之 I：互动

不要只是通知，要互动

没有人会和所有人加起来一样聪明。

——日本谚语

本书的一个前提是，伴随着互联网成长的一代习惯了控制和自定义个人的“用户经历”。

他们喜欢参与，不喜欢单纯地接收信息。

他们不喜欢单纯下载我们的知识，而是更想要互动的机会，分享他们的知识。

是时候颠覆传统的自上而下“我负责，不用你管”的心理了。

会议发言人或主持人不是房间里唯一的专家。

在一定程度上，我们要创造一个让大家都有机会沟通、参与和自定义经验的社区，人们感到好奇、忙于其中和可以参与其中。

本章节介绍如何把单向沟通转变为双向互动的一系列方法。

第十二章
永远不要再做电梯演讲

这世上有两种人，一种是走进房间说“我来了”，另一种是走进房间说“你们在这儿啊”。

——安·兰德斯，解惑专栏作家

一位计算机经理在参会前同我聊到："我要跟你说件事，我一般很少说起过，实际上，我是个内向的人。别看我一直参加像这样的会议，其实，我从来不参加集体聚餐或宴会什么的，我简直一点儿也受不了闲聊。"

我说："有类似问题的人可不只你一个。詹尼弗·坎魏勒写过一本相关的优秀作品，题目叫《内向的领导者》。她认为许多管理人员在没有社会情境和商务关系网的因素下，私底下其实是很内向的人。"

他说："我不喜欢与人打交道还有一个原因就是，不管怎么解释，别人总是不能了解我是做什么的，这总是让我很尴尬。"

我问道，"你想要一种介绍自己的新方法吗？这种方法让话题不再尴尬，让你们进行一次真正有趣的谈话和有意义的沟通。"

他答道："这还用问，当然想要了。"

我说："从现在开始，如果人们问起'你是做什么的'，不要直接告诉他们。这就像解释什么是电流一样。相反，你可以问人们一些亲身感触的问题，你做的事情可能对他们有哪些影响，视觉方面、嗅觉方面、味觉方面或触觉方面。”

他想了一下，提到信用卡、网上购物和电脑。我灵光一闪，问：“你是不是做一种软件，确保网上购物安全？”

他眼睛亮了起来：“是啊！正是如此。”

“不要直接告诉别人你是做什么的，因为如果你说‘我是做软件的，我们做出来的软件可以保障人们的网上购物安全’，那人们顶多说一句‘哦’，谈话就结束了。如果你不想结束谈话，就要挑起话头。”

“那我该怎么说？”

“就说，‘你的朋友或家人在网上买过东西吗，比如在苹果软件、旅游网或亚马逊网站？’这样一来，他们很可能认识一个有相关经历的人。他们可能说‘我从不在网上购物，不过我老婆倒是一直在亚马逊网站上买东西，她喜欢包邮服务’。”

“接下来你就可以说‘嗯，我们公司做的一种软件，能让你老婆更安全地在亚马逊上购物’，这样巩固一下你们之间的沟通，他们不仅了解了你是做什么的，还会把自己与你做的事情联系起来，甚至可以告诉别人你是做什么的。一切都在60秒中传递成功，而且是一场对话，而不是独白。”

他真的有点感激涕零了，说道：“我等不及要冲回家了。”

“为什么？”

“我终于找到一种方法，让我 8 岁的儿子明白我是做什么的了。”

当人们问“你从事什么工作”时，想想他们到底想打听什么

你不再是中心，本来就不是。

——戴安·基顿，演员

能和儿子好好沟通对他而言很重要，这个故事也提醒我们这个问题并非琐碎小事，而是深刻的。无论我们去哪儿，喜欢与否，人们见面总会问道：“你从事什么工作？”我们要明白，他们这么问，并非真的想了解我们的工作内容，而是想知道我们之间有什么共同点，能否进行有意思的对话。

所以从现在开始，不要再做“电梯演讲”了。你见过谁喜欢听电梯演讲吗？电梯演讲是一场有观众在场的独白，而不是能够有效沟通的对话。

这对在 INC500/5000 会议上参加我的《流行起来！为一切

打造完美姿态、书名和标语》研讨会的参与者来说，是一个真正的顿悟。我们当时对电梯演讲进行了头脑风暴，我问年度杰出企业家科琳：“你是做什么的？”

她讲了2分钟，但我们中没有一个人听明白她是做什么的，况且她还是个总裁。想想错失机会便是痛失上百万美元的代价。当时在场的人都是成功的企业家，之后却没人记住她、提到她，或走过去和她谈合作。

我问她：“你的工作对现实有什么影响，比如我们能看到的、闻到的、尝到的或者摸到的？”

她说：“我是经营医疗设备的，能够进行MRI（核磁共振成像）和CT扫描（电脑断层扫描）的设备。”

“很好，这就跟现实生活搭边了，你在说的时候，我们能想到你谈论的东西的模样。不过不要就此打住，因为我们之间还没有建立真正的联系。你要把这种描述转化成3个问题：你做过MRI或CT扫描没？你有朋友做过MRI或CT扫描没？你有家人做过MRI或CT扫描没？”

“提这3个问题有什么用？”

“如果你问一个人‘以前做过MRI或者CT扫描吗？’他说没有，于是谈话便进入死胡同了。如果你同时提出这3个问题，那就大大增加了可能性，他们可能知道谁熟悉或使用过类似仪器。”

想象一下，对方说：“有啊，我女儿踢足球时摔伤膝盖，曾经做过一次 MRI。”这就和你从事的工作产生关联了，你可以接着说：“哦，我是经营 MRI 医疗设备的，就是像你女儿那样摔伤后曾使用过的仪器。”

“哦，是这样啊”，他们可能会这样说。相信我，一句感叹的‘哦，是这样啊’要比满腹疑惑的‘嗯，什么意思’好得多，更不用说一句无动于衷的‘哦’了。他们与你从事的工作有了联系，更有可能会记住你，而且如果他们需要 MRI 或者 CT 扫描的话，更有可能和你联系，因为人们都喜欢与自己认识和喜欢的人做生意。

如何与他人建立联系？

人们只会回应和他们相关的事情。

——纳尔逊·曼德拉，社会运动家

如果你提出问题，而不是试图把复杂情况解释清楚，二十来岁机智聪明的人会很快对此做出反应。

有一次，我带着 2 个儿子做巡回演讲，那时候他们还只有十几岁。在丹佛时，我们有一整晚自由的时间，于是就下楼到旅馆大堂问门房：“请问你有什么关于我们去哪儿的建议吗？”

他看了一眼汤姆和安德鲁，说道：“你们可以去D & B馆。”

我们那时从毛伊岛过来，从未听过什么D & B馆。于是就问：“那是什么馆？”

他肯定凭直觉就知道如果试图解释清楚这个馆是什么，一定会失去这笔生意。如果他说“嗯，它类似一种体育酒吧，也是室内娱乐场所，提供食物、台球桌、电动游戏和保龄球”，那他一开口我们就不感兴趣了。

他没有这样解释，反而抛出了一个绝妙的问题：“你们去过查克芝士奶酪店吗？”

我儿子激动地点头，热情地说：“那是我们最喜欢去的地方。”

他笑了，说：“D & B馆与那家奶酪店差不多，算是成人版的查克芝士。”

成功了，短短10秒，我们就完全知道它是什么了，而且很想去。他们应该是给他佣金了。

当被问起从事什么工作时，你和同事们会怎么回答？你们的回答会让人不解地皱起眉头吗？如果会，你和你的团队便失去了与他人建立有益关系的机会。下一次，把你的员工会议改成头脑风暴会议吧，让每个人都有机会用各种方式介绍自己，这样一来，人们与你从事的工作产生联系，希望继续你们之间的谈话。

行动问题：永远不要再做电梯演讲了

最重要的问题是注意。注意力就是生命力，是把你与其他人联系起来的东西。注意让你变得热情。一定要保持热情。

——苏珊·桑塔格，作家

1. 你如何把单向电梯演讲变为双向互动介绍，把独白变为对话？你如何把从事的工作分解成一个三部分的问题，让人们有机会分享自己或熟人受益于你的工作的经历？

2. 你如何提醒自己倾听对方说的内容，然后把他们所说的与自己的工作联系起来，以便巩固你们之间的沟通，开始有趣的谈话？

第十三章
开始互利共赢的对话

一个对其他人发自内心感兴趣的人，在两个月里交到的朋友，要比一个总是试图让别人对自己感兴趣的人在两年内交到的朋友还要多。

——戴尔·卡耐基，作家

一个客户给我打电话说要去参加一个 CEO 高端会议，会议在泰森斯角酒店塔楼俱乐部举行，问我是否能帮她准备一下。我能吗?!

玛丽亚是一名财务咨询师，为企业主持资金管理研讨会。她对我说："山姆，出席会议的人我一个也不认识，坦白说，我有点害怕，我十分重视这次会议，不想傻傻地坐在角落里一言不发，无人能识。"

我说："好的，明白。你拿着一份 2012 年一、二月的《哈佛商业评论》，里面有些关于'幸福经济学'的讨论。上面有文章描写'软技能'的底线收益[①]。他们引用了一些研究，证明人们对自己的财富和健康越满意，他们的信心、表现和生产率就越佳。"

---

① Fox, Justin.《幸福经济学》，《哈佛商业评论》，2012 年 1 月。——原注

“你是说让我携带那本杂志一起去塔楼会馆？”

“把它放在你的包里，不过不到合适的时机，就别拿出来。走进去之后，环顾一下四周，找找你想加入的一小群人，这群人似乎在谈论彼此的公司，而不是私人谈话。走过去，站在离他们一臂远的位置。”

“为什么是一臂远的位置？”

“因为你不想不经允许就闯入他们的‘空间’。如果你站在一臂远的位置，表情愉快，那么说话的人或者离你最近的人会看到你，这时你要抓住机会打个招呼，并说‘如果我听到了你们的谈话，没有问题吧？’”

“这是一种圆滑得体的方式，让他们知道你并非不速之客，而是在请求许可。根据多年来的经验，我从来没见有人说过‘不行’。”

“然后，就等待机会，等到你可以接上话贡献价值的时候。比如说有人谈到工作表现时，你可以说‘你们有没有看《哈佛商业评论》的一、二月双月刊？’”

“有人可能会说‘我给经理们各买了一份’，这时你就可以说‘这个观点很棒啊，不是吗？你觉得最有趣的是什么？’如果没有人看到过这个双月刊，那就介绍一个特别有趣的引言，或者找到跟刚才讨论的问题相关的东西。”

“好，我试试。”玛丽亚说。

结果第二周我接到玛丽亚的电话，她很兴奋地说：“山姆，他们争着邀请我呢！我就照你说的做了，结果到晚宴的时候，其中一个人让我坐在他旁边，另一个人抢着说‘喂喂，是我说她可以加入我们的！’”

听到你的计划成功了，是不是很开心？

不要害怕，要好奇

也许在这世上的每个人都害怕其他人。

——约翰·斯坦贝克，作家

一位工程师曾经跟我讲：“小时候，我迫不及待地想要长大，因为我感觉长大了就有信心了。我觉得，一旦长大成人，就再也不会害羞或者担心说什么话了。哦，天哪，我错了，哪里有信心药丸呢？”

我告诉他：“要得到信心药丸有一个方法，那就是像关心备至的记者一样对待谈话。记者见任何人都不会害怕，因为他们知道如何回避聊天和真正让人们参与进来。他们问开放式的问题，心无旁骛地倾听，然后跟进直指核心的相关问题。”

他说：“听起来是这样，可是我怎么才能做到呢？”

下面是我给他的四条建议，教给他如何摆脱陈词滥调（没人对这些感兴趣），开始有意义的对话和沟通。

1. 别在开始就问那些老掉牙的问题。

无聊的问题总有无聊的答案。试试“你激动万分的工作进行得怎么样啦？”或“你周末一般做什么啊？”

2. 寻求意见。

杂志创始人马尔克姆·福布斯说：“要抓住男人的心，首先要抓住他的意见。”抓住任何人的心都是要通过抓住他们的意见。问一句“你有什么意见吗？”就相当于发送了一条信息，即你认为他有智慧可以分享，而且你十分欢迎他的分享。没了填鸭式的陈词滥调，你正走向富有成效的交流之路。

3. 使用“跟我讲讲”这个魔法词语。

很多人在一开始谈话的时候问封闭式问题，结果对方一个词语就可以结束对话了。比如：“你喜欢这次商会会议吗？”对方回答：“喜欢。”

“跟我讲讲”这个魔法词语会把蜻蜓点水式的交流变成更深刻、更有意义的对话，让你们真正了解一个人。比如：“我错过了这次商会会议，你能跟我讲讲都谈了哪些内容吗？”

4. 折回谈话。

每次他人说完之后，你都面临一个选择。你可以接着说“我……”也可以说“你……吗？”折回谈话。如果每次别人说完之后你就开始谈论自己，别人就会丧失继续谈话的兴趣。

比如你问：“现在的商会主席是谁啊？”

对方回答：“朱迪·格雷。”

你接着说：“哦，我知道朱迪，她就住在我们小区，我记得有一次……”

唉。以“我”开头的句子让注意力都集中在我们的感觉和观点、我们所知道的和所做过的事情上。

如果你接着抛出一个以“你”开头的问题，那情况就大有不同了。感受一下，如果你得到回答后接着说：“哦，现在的主席是朱迪啊，你知道她今年的商会目标是什么吗？”

以“你”开头的问题让注意力都集中在对方身上。人们能够感受到你的真诚，你是真正想要了解他们的，因为你确实是如此。

开始有趣的对话，绽放最好的自己和他人

我最好的朋友是让我表现最佳的朋友。

——亨利·福特，企业家

一个脾气不好的研讨会学员告诉我："我不喜欢这些技巧，因为我感觉它们很不自然。"

我说："我很高兴你把观点说了出来，这样好让我有机会解释清楚，这些技巧并不是僵硬的公式，也不是要操纵别人。它们不是阴谋诡计，而是基于诚意之上的工具，是帮你绕过表面闲聊，真正与人沟通的工具。能够很自然地与人会面当然是很棒，但是我们仍有很多人不善于此，觉得与人会面十分尴尬。"

"这些方法可以帮你获得技巧，开始有趣谈话。既然是一种技巧，就像弹钢琴需要技巧一样。在你初学弹钢琴时，通常最开始要先练习音阶，练习到一定程度之后，你的手指对琴键如此熟练，所以你根本不用想手指放在哪里，也能弹出美妙的音乐。"

"学习对话的音乐也是如此。一旦你学会了'跟我讲讲'和'折回'对话而不是'拿回对话'的琴键，你就甚至不用再想它们了，它们已经成了你的一部分，也是你展现自己的一部分。"

莫是一名刚毕业的大学生，他用亲身经历证明了使用这些观点的力量——可以把陌生人变为朋友。莫说："我刚到华盛顿的头半年过得可不好，我认为这个地方很不友好。我去酒吧认识人，结果徒劳无功，因为我并不喝酒，而且酒吧里人声嘈杂，根本听不见别人说什么。"

"然后你告诉我'每个人都在等其他人做出第一步行动'，于是我决定做一次'召集人'，发起一些自己想参与的活动。我询问人们周末一般都想做什么，然后就组织活动。现在，我们有一个很大的朋友圈子，一起去漂流、踢梦幻足球和过游戏之夜。我们都不再感觉孤单，因为我们总在做有趣的事。"

没有交谈就没有沟通

聊天远非琐碎和不重要，它治愈了不连通的社会，它是文明的奠基石。

——伯纳德·J. 卡多西，美国印第安纳大学东南分校羞怯研究院的主任

让我们正确地看待这个话题。羞怯专家伯纳德·卡多西在《每

日科学》上有一篇优秀的文章，假设我们中大部分人不喜欢与人见面是因为有不切实际的期待。我们总认为自己必须机智幽默或才华横溢，而实际上真正必要的只有一颗“乐意的心”而已[①]。

莫就是这样做的，他明白“主动的人终有好事情”。他认识到了，我们的生活质量取决于我们圈子的质量，而圈子的质量取决于我们创造或组织高质量互动的意愿。因此，归根结底，一切都在于我们自己。

你还在等待别人的友好吗？就像菲儿博士说的那样：“等待别人友好的结果怎样？为什么不选择主动创建和组织有趣的互动呢？如果你愿意投资时间和精力学习，变得擅长创造和组织有趣的互动，不管走到哪里、何时何地、见任何人，你都会带着一颗平静的心，因为你自信能够开启多方共赢的对话和沟通，让每个参与的人都受益匪浅。”

---

① Carducci, Bernardo.《练习提高闲聊技能》，《每日科学》，2013 年 12 月 18 日。——原注

行动问题：开始互利共赢的对话

如果我们得不到平静，那是因为我们忘记了我们属于彼此。

——特蕾莎，修女

1. 你喜欢与人见面吗？你如何创建有意义的对话和联系？你如何表示自己真诚地关心别人？

2. 你在与人会面时能想到什么公共事件？你记得如何“折回”而不是“拿回”谈话，让人们说出自己的心声，创建更有意义的联系，而不是停留在寒暄的表面上吗？

3. 你如何变成一位组织者？你如何不再等待他人主动，而是主动发起大家都想参加的活动？

要的。

第十四章
促进互动会议和项目

今天晚上我过得非常精彩，可惜这并不是我想要的。

——格劳乔·马尔，喜剧演员

你看过2014年的奥斯卡颁奖典礼吗？那天晚上，主持人艾伦·德杰尼勒斯让现场4300万观众欢呼雀跃，原本长达3小时的“感谢”颁奖演讲变成了一场欢乐的互动秀。她为每位观众送上了比萨（这是真的！），（在男演员布拉德·皮特的帮助下）为世界顶级明星包括梅丽尔·斯特里普、乔治·克鲁尼、茱莉亚·罗伯茨递上了餐盘和纸巾。

艾伦当着观众的面，让哈维·温斯坦为比萨买单（“来吧，哈维·温斯坦，快拿出你的钱包，我知道你赚到钱了”），然后又和凯文·斯贝西、杰瑞德·莱托和其他明星自拍留念（现场被称作“群拍”），1个小时后照片就被转载了成千上百万次[①]。

艾伦并没有一个人掌控全局，相反，她把机会留给了观众，

---

① Addley, Esther.《转载最多的艾伦奥斯卡自拍照——我们大部分人都在拍》，《卫报》，2014年3月7日。——原注

让观众置身其中。艾伦意识到让观众被动收看这档节目已经不流行了，她能意识到这点真的很棒。她创造了一次让观众坐立不安的经历，因为观众完全不知道接下来会发生什么。艾伦的互动模式奏效了，不仅提高了节目收视率（第二天登上雅虎网的头条，题为“2000 年以来，奥斯卡颁奖典礼收视率排名第一”[①]），而且对以下问题给出了答案：为什么节目非要按常规形式进行？为什么不给观众像主持人一样展现的机会？相比让他们只做观众而言，为什么不让人们参与进来？

给人们控制和贡献的机会

如果我没有一些控制，我就会有点坐立不安。

——艾米波勒，演员

如今不给人们一点儿掌控的权力，他们就会感到坐立不安。开会或举办活动时，不要全盘操控，而是把权力分摊出去，这才是聪明的选择。注意，我没有说完全放手或不要控制，我说的是

① 《更新：2000 年以来，奥斯卡颁奖典礼收视率排名第一》，《基梅尔后奥斯卡特殊障碍最佳结果》，雅虎，2004 年 3 月 3 日。——原注

分享。下面介绍如何分享。

我住在夏威夷纳帕里海滩酒店时，有幸和酒店总经理迈克·怀特和他的员工们一起共事。毛伊岛纳帕里酒店虽然资金不是那么雄厚，但它的回头客率却高得令人难以置信。这是为什么？

因为游客们在此能真正感受到这座岛屿的热情好客。每天中午，酒店员工聚集在大厅唱歌，跳草裙舞，弹尤克里里琴。员工们对客人笑脸相迎并称呼着他们的名字，还为他们献上新鲜的木瓜、香蕉、番石榴和山龙眼。

作为这家酒店的总经理，迈克认为员工组建成一个大家庭是很重要的，所以每个月他会召开员工会议，让员工提出自己的新想法。这是管理上的一次挑战，因为这意味着迈克付钱让员工在假日里参与到这活跃的气氛中来，暂时释放自己的热情，除了这些，迈克还把钱花到真正有意义的地方，并坚持这么做。

迈克没有一人主持所有的会议（大部分老板都有的弊端），他把权力分给了不同部门的领导。这个月他让市场总监带头开会，下个月餐饮经理来开，再下个月后勤管理员来开，等等。

酒店主人迈克完全自治的管理方式，让每个人都开始发挥创造力！开会成了一种小型竞赛，看谁主持的会议最有趣味性。大家都盼着参加会议，因为会议总让他们收获想不到的知识，这种方式也提高了员工的演讲能力和领导能力。

你呢？你总是一个人主持自己的员工会议吗？如果你不再这样，而是让员工有机会带头，岂不是创造了一个有更多人参与的工作环境吗？

这并非小题大做。2014 年 8 月 31 日，CBS（哥伦比亚广播公司）《星期天晨间专题新闻》采访了罗伯特·利弗林，他是“100 个最幸运的工作”网站的创始人之一。利弗林被问到善待员工和盈利之间是否有联系，他说这是绝对的。

罗伯特·利弗林举出了盖洛普民意调查的例子，调查发现“10 个人里只有 3 个人积极参与工作，所谓积极参与是指致力于工作，对工作满腔热情”。同时他还举了另一个调查数据，即“自由散漫的员工给美国公司造成 5500 亿美金的损失。[①]”

你给员工参与公司计划的机会了吗，而不是让他们离计划远远的？还是你只告诉他们公司的最新消息和他们需要做的事情而已？

---

① 《重视员工的公司更成功吗？》，哥伦比亚广播公司新闻，2014 年 8 月 31 日。——原注

你是控制还是分享会议?

当我还是个孩子的时候，我一个人拿着摄影机，指挥着身边人进行拍摄，完全没有合作。成年后，我才发现电影制片是关于欣赏身边那些才华横溢的人，明白自己永远不可能一个人完成影片。

——斯蒂芬·斯皮尔伯格，导演

关于分享权力的说法，有一位同事给出了不同观点。他说："我们的时间很宝贵，所以我们的目标就是'速战速决'。既然我是唯一一个了解全部工作进展的人，而且又是老板，所以理应由我主持会议。"

我告诉他："我知道以前开会通常是这样的，但现在情况变了。"现在，大部分人是伴随互联网成长起来的，互联网是开放民主的，人人都有发言权。人们创造和定制自己的"用户"体验，而且只关注吸引自己的事情。现在的人们习惯了控制，他们需要什么就会公布什么，比如发布到博客、脸谱网，或拼趣网上。他们在'潘多拉'音乐网站上创建自己的音乐小站，他们不再被动地看自己最喜爱的电视节目，比如《美国偶像》或《和明星共舞》等，他们拥有投票权，决定选手谁去谁留。他们共同参与演出。

所以，如果他们坐在会议室里，毫无掌控权，没有机会参与任何事情，那么结果就是他们退出了，即使人还坐在那里，心思也远离了会议。

2014 年 8 月 18 日，《哈佛商业评论》刊出格雷琴 · 盖夫特写的一篇文章，题为《开会时人们都在做什么》。文章给出了一些吸引人眼球的（或让人烦恼的）数据："27% 的人承认在开会时睡着了，13% 的人坦白走神了——正想象自己在赛马道上、婚礼彩排的现场、洗车保养的地方、烧烤晒日光浴的地方、试衣间试衣服（我个人最容易开小差的地方）、在大街上追赶自己的狗狗，等等。①"

员工精力涣散、注意力不集中，这些不利因素不造成生产效率低下和损失惨重才怪呢。

那么应该怎么办呢？这里引用作家启斯 · 法拉利给管理者的建议，会议开始的前 5 分钟，让每位员工都有机会轮流谈谈自己的情况，生活上或工作上的情况都可以，这会让人们有心情积极地倾听他人的讲话。

---

① Gavett, Gretchen.《开会时人们都在做什么》，《哈佛商业评论》，2014 年 8 月 18 日。——原注

沟通不是观赏型运动

谁说得最多，谁就最开心。

—— 露丝·里德，作者山姆·洪恩的母亲

从现在开始，每当要聚集众人时，不妨问问自己："除了一个人演讲，我如何能做到双向互动，而不是单向地传送信息呢？"

米基·阿格拉沃尔做到了双向互动，她把自己的新书发布会变成了一场有意思的互动。她从头到尾都没有读自己的书（无趣），而是邀请观众扮演"《作家的工作室里》的主持人"。每个人都成了"詹姆斯·利普敦"（精彩电视台系列节目《在演员的工作室里》的主持人）。人们不再是旁观者，而是成了采访人，有人问米基："你经受过人生的低谷没？""你怎么找到经纪人的？""我们怎么能从这么多人中拿到你的新书？"从头到尾每个人都问个不停，他们兴致勃勃，因为他们成了发言最多的人。

在米基的新书发布会上，一个女人举起手说："看到这个房间里发生的一切，我充满了敬佩，这在我们那里是不可能发生的。

如果我和其他人说自己正在写一本书，他们会说‘你也写书？你以为自己是谁？你又不是斯科特·菲茨杰拉德。’看到每个人都真诚地为你庆祝，而不是嫉妒，我真的备受鼓舞。”

她提出了一个很好的观点。女演员贝特·米德勒曾经被问道：“你认为成功最难的部分是什么？”她的答案是“找到真心为你高兴的人”。

当看到某个人成为“明星”时，我们可能会嫉妒，因为我们没有参与他的成功，不是他成功的一部分。他或她成了行家，而我们是门外汉。但是如果这个人选择放低平台，给每个人参与的机会，我们就能分享他或她的成功。

为有意义的参与开先例

社区让世界转动。

——快斯拉，音乐家

你是安排会议的负责人、主持人，或演讲人吗？你的会议环境让人们愿意出谋划策、调整自己的经历和互相沟通吗？你有没有创造一个良好的“场才”？“场才”是音乐家布莱恩·伊诺创造的一个新词，意思是“一半靠场面，一半靠人才”。

作为主持人，在会场上给人们机会借鉴其他人的经验、知识和能力，你就可以找到人才，振奋人才的情绪。

然而，我们通常是做不到那样的。事实上，哥伦比亚心理学家保罗·英格拉姆和麦克里·莫里斯的研究表明，虽然高管们说自己参加交际会活动的目的是“尽可能认识更多的人”，但实际上他们经常“只和熟悉的人交流”，而不是建立新的联系[①]。

想象一下，公司每年花费大笔资金，让员工坐飞机参加各种会议、商业展会、培训会等，还提供住宿费、餐饮费、注册费，但他们一到那儿，便更愿意坐在熟人旁边，和熟人出去闲逛，那么送员工参加公共活动还有什么意义呢，他们本应去扩展关系网，建立新联系的啊。

现在事情变得更糟了。《Inc. 杂志》的编辑吉尔·科斯林发现，许多人感觉商业活动中的联络没羞没臊、低俗不堪，就好比置身“二手汽车市场”一样。他引用了《管理科学季刊》杂志中的一句话：“通过建立关系获得成功的想法，让人感觉有违道德，

---

① Ingram, Paul.《人们在交谊会上交际吗？》，《结构，同质和派对人生》，2007 年 6 月。——原注

这样难道不就成了利用他人吗？[①]”

这里要重点区分一下。INTRIGUE 法（凸法则）并非关于利用别人，而是关于让人们增加价值，并非关于想从人们那里得到什么，而是关于为了他们想要什么。目标不是获取成功，而是参加活动的各方都能在互动中有所提高，达到“共赢”。

这听起来浮夸吗？其实并不一定。下面我首先分享一个“场才”的例子，然后再就在商业活动中如何创造“场才”提出几点建议。

让商业活动成为人人受益的互动

大多数商业决策是人们在吃午饭或晚饭时定下来的，而 MBA 课程却没研究这一课题。

——彼得·德鲁克，管理学大师

我走进纽约四季餐馆，想着坐在对面转椅上的人，便充满了期待。《董事会报告》和《底线 / 个人》的杂志创办人马丁·埃

---

① Krasny, Jill.《正式的：社交让人感觉低俗不堪》，《Inc. 杂志》，印刷版，2014 年 9 月 4 日。——原注

德斯顿曾经邀请我加入他们其中一个著名的沙龙。同时参加沙龙的还有一些一起创办期刊的人。

当时我们和马丁坐在长方形桌旁，马丁坐在最前面。马丁敲了下手中的盘子，意味着谈话开始。他热情地欢迎了我们，说了些客套话。他提议我们每人用 2 分钟说下自己行业中发生的最有意思的事情，而不是盯着沙拉，谈论天气。

接下来的 2 小时是我人生中最棒的 2 个小时。一位心脏外科医生分享了心脏直视手术的最新进展；一位心理学家谈到了海外采购的剧增及其背后的原因；一位作家谈到了伦理道德影响人们的方式。每个人说完以后，马丁还紧跟着提出一些建设性意见，加深了谈话内容的内涵。马丁是主持会议的佼佼者，能看到聚会的精髓，激发人们聊天的兴致。

如果你厌倦了参加或主持无人沟通的商业交际会，那么不妨采用甘地的建议吧，即“做出你希望看到的改变”。下面两种方式定能将枯燥的商业交际会转变为共赢的互动会，你不必成为像马丁·埃德斯顿那样的专业主持人，也不必与人约在四季餐馆（当然能做到这样很好）。

构建有效互动的两种方式

交流能让人们聚集，也就是说，互相创造价值。

——罗洛·梅，心理学家

1. 用介绍的方式开始会议。

唯有破冰船能带我们看到冰川，简单地说就是：“我们想让它成为你参加过的最友好、最有效的聚会，因此我们把时间安排在我们最有价值的地方。我们信任这房间里的人，同时希望给你机会，让你与几个不认识的人沟通。我喊‘开始！’时，请全体站立，找到你从未见过的两个人，交换一下信息：（1）你的名字；（2）你期待从这次活动中获得什么；（3）你正乐于从事的项目。好了，开始！”

每次我都这样主持活动，这能把紧张不安的氛围变得生机勃勃，把陌生人变成朋友。一位女士走过来对我说：“你真棒。我原来还坐在那里想，我人老远‘飞’过来，如果没有和任何人深入交谈，难道不是浪费时间吗？结果，我和两位人力资源主管沟通了一会儿，并且还计划午餐时再见面。我真心觉得来这里是正确的选择。这一切发生得太快，就在一开始的 5 分钟里！”

2. 创造“餐桌上的谈话”。

我们之前谈到过，这次聚餐是和不认识的人坐在一起。在每个座位上放一些写着相关问题的卡片，然后邀请参与者与同伴讨论相关话题，比如：

◆ 活动结束后你能获得什么实际收获？你打算如何利用这些收获？

◆ 今年你和你的团队有什么可喜的成绩？

◆ 你希望推荐什么最好的方法提高工作效率？

会议协调员露丝·司迪高把这个观点更加推进一步，提出“在吃饭的时候和专业人士沟通，可以成为未来开会的趋势”。露丝说：“这是种很棒的方式，让每个人都能在傍晚时分还参与进来。人们可以选择两个话题（比如办公室政治、薪水谈判、个人品牌）和他们想要见到的两个专家（比如苹果公司的总经理、协会董事长、社交媒体专家）。”

“专家们只需在 25 分钟中抽出 5 分钟时间，分享他们最棒的经验，然后让人们集体讨论，每个人都可以自由选择。看到人们在一天的最后还能被如此调动起来真叫人心满意足。”

行动问题：促进互动会议和项目

如果必须用一个词确定为什么人类没有也永远不能充分发挥潜力，那么那个词将是“会议”。

——戴夫·巴里，幽默作家

1. 你主持会议吗？你让权力轮流转吗，给出席者机会主持会议吗？如果答案是肯定的，那么你做得不错。如果答案是否定的，你如何能让人们参与决策制定过程，不像戴夫说的那样，而是参与式和富有成效的呢？

2. 你是否厌倦了无人真正沟通的商业交际会？你是安排会议的负责人、主持人，或演讲人吗？你如何搭建起一场互动会，让每个人都能收获一些有意义的东西？你如何创建一个互动的社区，让所有观众参与进来，给他们机会根据自己的经历对彼此做出贡献？

第六部分

INTRIGUE 之 G：给予

首先给出自己的关注

当我站在舞台上，我的首要目标不是表演自己的才能，而是给出一点儿快乐。

——安德烈·波伽利，意大利男高音

前几章都是在讲我们如何能赢得别人的高质量关注。

本章主要讲述我们如何首先给予别人高质量关注。不要把我们的目标定位为展示自己的才华，相反，给别人展现他们才华的机会才是更高明的做法。

本章还探讨了如何找出我们想联系之人真正关心的事情，之后可以率先关注他们所感兴趣的事情。

这样做是创造彼此感觉有意思的互动的关键之一。

第十五章
调整你的沟通方式

空白的页面，闪烁的光标，作曲家的困境。在颇为高产地写了一辈子歌曲之后，斯汀面临此困境已八年了。才思枯竭，再无新歌问世。

——约翰·洛根，记者

想象一下，你靠创意谋生，而 8 年中却毫无任何新想法。哎哟！

这就是音乐家斯汀之前的状况，洛根在《名利场》杂志上的一篇文章中描述斯汀已经是“江郎才尽”。为突破瓶颈，他何以处之？他回到了位于纽卡斯尔船厂附近的英国家乡，他曾在那里看着“巨大的铁船越来越大，直至遮天蔽日”而长大。他让“造船工、焊工和铆工跟他讲话，并通过他相互交谈”。结果，斯汀的创造力重新涌现了。灵感迸发的他，以所听到的故事为蓝本，撰写了一出新的音乐剧，该剧于 2014 年在百老汇上演[①]。

对于正缺少创作策略的人，斯汀的经历可以引以为鉴。你可能并非困于创意枯井；而是囿于一种沟通阻碍。也许，你需要摆脱自身的思绪，到外面走走，与你想沟通的人们进行沟通。也许是时候停止尝试“构思内容”，是时候走向你想接触的人们，询

---

① Logan, John.《斯汀的新音乐剧突破江郎才尽之况》，《名利场》，2014 年 6 月。——原注

问他们的想法和建议。当你这样做时，创作策略之泉将重新开始奔流，这是因为你在关注它真正的源头——共鸣，而非智慧。

INTRIGUE 是共鸣的副产物

你无法靠思考突破写作瓶颈；你得靠写作突破思维瓶颈。

——约翰·罗杰斯，电视、电影编剧

有时，你想靠写作来突破思维的瓶颈是徒劳无功的，这是我赶着在截稿日期前完成《校园舌功》一书时的顿悟。我一贯热爱写作，但由于一直忙着照顾 2 个儿子，加上日程也被演讲和咨询排得满满当当，因此下笔时不再文思泉涌，写作成了艰苦的活。我会重读自己以前所写的（我知道，这是一个致命错误），并自觉厌弃。我不喜欢自己的作品，它没有一鸣惊人，也没有生命力。

之后，一篇关于某位电视导演的文章为我指点了迷津。有一段时间，这位导演不会有任何失误，他前无来者地在同一年中获得艾美奖最佳喜剧与最佳戏剧奖。但是现在，由于其演出情节越来越离奇，无法被观众们理解，演出收看率一直在下降。文章作者断言，该导演因为不再接地气，已失去了点石成金的能力，他之前太过忙于写作和执导，以致和观众脱节了。

我脑子里的灯泡熄灭了，因此无怪乎我在情节设计上遭遇了瓶颈。写作不应是独立的智力活动，而应该是一种产生共鸣的过程。我一直都关注自己想说的话，而不是与读者沟通，去了解他们想说的话。想通这一点后，我站起来，驱车到我儿子的高中，就我的写作内容博采众议。

我问学生：“如果有人取笑或恐吓你们，你们会怎样？”我问老师：“若有家长指责你们不关心他或她的孩子，你们会怎样？”我问校长：“当一名老师或辅导员说‘我要辞职，这份工作没有让我得到足够的报酬’，你会怎样？”

像斯汀一样，我找了一些我想沟通的对象，让他们和我谈话，并通过我来交谈。我聆听了他们的忧心事和愿望。当我回到家时，那些想法从我脑中流泻而出，以致我打字的手指几乎无法跟上。这是我至今难忘的一堂课。

你呢？是否正苦于为一次即将进行的交流会而构思内容？你是否已智穷计尽？你是否正生拼硬凑，以赶上截稿时间？如果你只是想完成项目，那你是可以完成的，但不能令它一鸣惊人。最后，你完成的或许是一个毫无生气、平淡无奇、支离破碎的项目。

若你的目标是与人沟通，那么起身离开你的座椅吧，走到外面去，去接触那些你想与之沟通的人们，去了解是什么令他们夜不能寐。而后回来工作，让脑海里充盈着来自他们的声音，流诸笔端。

此外，务必向你的目标观众询问他们的成功经验和最佳实践。在我看到的会前调查问卷中，有很多都专门着眼于“你面临什么挑战/问题？”，这里隐含着一种居高临下的“我是专家，告诉我怎么帮助你”的心态，仅仅为了调查人们生活中有何问题。

向人们提出问题，让他们有机会分享见解和建议。给他们机会成为专家并为提问过程做出贡献，而不是让他们在该过程中单单充当被动的接受者。

立足于他们的需求，而非你的需求

如果你想说服人们做一些事，依我看来，你得使用他们每天所用的语言，用他们的大白话写东西。

——大卫·奥格威，广告天才

还有一种令决策者另眼相看的方法是，研究他们的网站和营销材料，当你向他们推广时，引用他们的原话。

Space X公司颇有远见的创始人伊隆·马斯克，就此给过一些极好的忠告。获悉他将在国家记者俱乐部做午餐演讲后，我马上安排了自己的日程，并打算就座于靠前的桌旁，以便汲取他的智慧。我给儿子汤姆（他就职于美国国家航空航天局）打电话，问道："有什么问题想要我代问伊隆·马斯克吗？"

汤姆说："有啊，我有很多做航天飞机方面工作的朋友被解雇了，有不少在申请Space X公司的工作。"他半带打趣地说"问他怎样才能获聘于Space X"。

不出所料，我有机会在问答环节提出汤姆的问题。猜猜马斯克意味深长的一句话答案是什么？"别告诉我你担任过什么职务，告诉我你解决过什么问题。"

马斯克只是让大家注意到其"测试的答案"。如果求职者够聪明，他们就不会投递自己在别处提交的千篇一律的简历。他们为自己量身定制了一些要点，强调他们解决过的具体问题，而非所担任过的职务。由于他们的简历凸显了Space X创始人的聘用标准，所以将极大地提高吸引该公司决策者注意的概率。

你的决策者是否已给你其测试的答案？

在学校里，你上一堂课，参加一次测试。在生活中，你参加一次测试，从中上一堂课。

——汤姆·博德特，作家

你是否正在求职或为签下合同而竞争？你是否细读过他们的职位描述，研究过他们的合同要求？你是否在申请书中引用他们的原话，来调整你的申请书？令人惊异的是，鲜少有人做到这一点。

这是我与一位世交凯西的对话梗概，他请我评阅一下他的和平队申请书。他说："我不知道是否有机会，但我想试试。"

我说："好吧，凯西，我们会尽量使你引起和平队员工的注意。你点击他们的网站。"

"为什么？"

"因为他们在网站上给了你测试的答案。看到这里没有？他们简要列出了他们想找的人需具备的特点和资格。你要满足这些标准中的每一项，并用他们的话，举例说明你是如何做到的。

这让他们看到你很重视，相信你阅读了应聘说明并提交了所需资料。”

猜猜谁获聘于和平队？猜猜谁最后与危地马拉的在学儿童一起工作，教他们曲棍球，每时每刻都热爱着这个能有所作为的机会？一切都是因为，凯西展现出了聘用方所要求的，从而吸引了他们的注意。

有人问本杰明·斯波克博士，他是如何为自己的书《斯波克博士的婴幼儿护理》（据维基百科称，该书已售逾 5000 万本，是 20 世纪除《圣经》以外最畅销的书）获取素材的。斯波克说：“其实我这一切都是向母亲们学来的。”斯波克博士在写作时并非东挪西凑，而是询问自己的目标客户他们最想知道什么，从而博采众议，再将他的书呈现给他们。

你呢？你是否在调整自己的沟通方式，以便与他人产生共鸣？若是如此，你已使得自己的讲话内容更可能与他们产生共鸣，因为这些内容正来源于他们。

行动问题：调整沟通方式

如果你是艺术家，那么你要尽量一边注意人们所说所想，一边关注自己的内心。

——布鲁斯·斯普林斯汀，音乐家

1. 请看一下你的 W5 表格。谁是你的目标观众？你如何放开自己的理智，走进他们的内心，以便找到对他们重要的东西，这样你就可以有针对性地调整自己的内容。

2. 你如何与目标观众沟通，让他们与你谈话和当着你的面交谈？你如何“注意客户所说所想”，以便你可以使用他们的语言，满足他们的要求？

第十六章
倾听别人，就像你希望如何被倾听一样

我并非有意打断，我只是想起了其他事情有点兴奋。

——流行T恤

多年前我和儿子们正在计划周末度假：我们该请朋友们来参加后院烧烤吗？还是去费尔法克斯湖看烟火呢？

汤姆看上去有点分心，于是我问道："汤姆，你在听吗？"

"当然在听啊，妈妈。"他说，"我只是没那么专心致志地听罢了。"

这话从十几岁少年的口中说出。在我们分心的世界（"看，那儿有只小猫"），通常反应是不专心致志地注意。这并非琐事，不专心致志会失掉客户和员工。事实上，美国劳动统计部门的一项研究发现，辞职人员中有46%的人说辞职是因为觉得没人听他说话，因此感到不受重视[①]。

---

①《如何更好地倾听》,《得克萨斯大学奥斯汀分校》,2010年10月10日。——原注

你是专心致志还是心不在焉?

当人们说话时，专心地听。大多数人从来不听。

——欧内斯特·海明威，小说家

专心地听不仅是魅力的核心，也是沟通的中心，然而却鲜少有人专心地听。通常情况是人们打断、终结别人的话，听的时候也不专心致志。想一想，你认识的人中：

- ◆ 谁会真正听你说话?
- ◆ 他 / 她做了什么使自己成为这么好的听众?
- ◆ 当这个人专心致志听你说话时，你感觉如何?
- ◆ 你觉得那个人怎么样?

猜怎么着? 20 年里，我在研讨会上询问那些问题，大多数人只能想起一两个真正听他们说话的人。数量是那么稀少！深思一会儿，那个专心致志听你讲话的人，你觉得他 / 她如何? 你不觉得和他 / 她的沟通深刻吗? 如果你想和生活中、工作上和工作外的人们有更深刻的沟通，那么以下这些 LISTEN 步骤可以助你一臂之力。

听之 L= 看、抬和倾斜

你无法真诚听人说话的同时却又做着其他事情。

——M. 斯科特・派克，作家

放下智能手机，把椅子从电脑前转离，这些动作是在告诉自己和面前的人"这些都可以等，现在你才是我的头等大事"。

心无旁骛地看着别人，并抬起你的眉毛。感受到自己的脸是多么生动了吗？向前倾斜，从而名副其实地坐到椅子边缘，这表明你渴望听到他要说的话。你正在把手伸向他，这也会让你从倦怠转变为好奇。心无旁骛地看着别人、抬起眉毛和向前倾斜，不仅让你看上去对他人感兴趣，而且有助于让你感觉更被吸引。

听之 I = 忽略其他的所有事情

告诉你自己："此刻，这个人就是我的头等大事，其他的所有事情都可以等。"忍住诱惑，不去略过别人的肩膀看谁正在经过。如果你的眼睛游离，那么你的心思也会跟着游离。

听之 S = 暂不判断

有位管理人曾对我说：“我多年来管理了许多员工，不管是否公平，我给他们每个人都贴了标签，比如说这个人是抱怨者，那个人是麻烦制造者，等等。你知道我的意思。所以他们一走进我的办公室，我就已经知道他们要说什么了。”

其实，在他们说出之前，你并不知道他们打算说什么。默想一下，给他/她一个机会或听他/她说完，以助你留意此人这次要说什么，而非回想他/她上次说了什么。广告人比尔·伯恩巴克就是一个你可以学习的很好的榜样，每当他发现自己不认同某人时，他就从夹克口袋里拿出一张纸片偷看一眼，这张纸片上写着“也许他们是对的”[1]。

听之 T = 记笔记

我们二十来岁的邻居将要参加乔治城大学的研究生项目面试，卡特对我说：“这次面试对我来说十分重要，我要怎样才能给人留下好印象呢？”

“带一本高质量的笔记本进去，当他们强调他们优先考虑的事项时就记下笔记。例如，如果面试官说‘我们收到的申请有几

---

① Simon, Scott.《广告人是小笑话之王，但知道在哪里划清界限》，《美国国家公共电台》，2014 年 5 月 31 日。——原注

百份，凭什么要选择你？’那么你就参考你的笔记说‘你之前提到过希望你们的研究生有领导经验。我过去 2 年在雷斯顿网球协会工作，并且……’”

想知道那则故事的美好结局吗？卡特现在是乔治城大学的一名研究生，她很开心，跟我说：“记笔记还有额外的红利，我不再觉得局促和疑惑该看向哪里，手该做什么。记笔记让我有事可做，所以我反而不紧张了。”

听之 E = 移情

你发现自己很难注意别人吗？问问你自己“我会感觉如何？”

如果这件事发生在我身上，我会感觉如何？如果我站在此人的立场上，会感觉如何？可能我们不认同或不喜欢某个人的行为，但那几个字有助于我们理解他的行为。

听之 N = 关于这件事没有但是

当有人对你说“我听见你正在说什么了，但是……”“我知道这对你来说很重要，但是……”“我很遗憾发生了这件事，但是……”“关于那件事你做得很好，但是……”

无论之前说了什么，“但是”这个词将它通通撤销。难道不是吗？在英语中，那个小小的词汇，却几乎比其他任何一个单词的破坏性还要大，因为它能粉碎别人正在说的话。考虑把那个词从你的字典里摒弃吧。只要你的回应中有“但是”，人们永远都不会觉得你真正注意过他们。

用“而且”这个词取代“但是”吧。例如说“我听见你正在说什么了,而且……”“我知道这件事对你多么重要,而且……”“我很遗憾发生了这件事，而且……”看见区别了吗，感受到区别了吗？“但是”这个词是在争论，而“而且”这个词是在认可。

好奇地倾听之永恒益处

对多数人而言，说的反义词并非听，而是轮到他们说了。

——弗兰·勒波维茨，作家

现在，我要讲 2 个故事，说明对别人好奇的关注能够创造共赢的沟通。

有位研讨会学员在参加我们的项目过后写信给我,说道:“‘我会感觉如何？’这几个字改善了我和母亲的关系。她在疗养院已经住了好几年，以前我常常对每周六开车去看她感到恐惧，因为她总是对着我抱怨，抱怨她的室友，抱怨她的疼痛，抱怨没人去看望她，等等。我几乎对她的话充耳不闻了。”

“你在项目中分享了这几个字时，我便问自己‘如果是我每个星期天天都在床上度过，每天在床上躺18小时，我会感觉如何？如果是我与自己不喜欢的人住在同一个屋檐下，那个人开电视的声音又太大，让我静不下心来思考问题，我会感觉如何？如果是我每天一醒来就疼痛，而且看不到哪一天会不疼，我会感觉如何？’”

“这样一想，我立刻不再不耐烦了。当我开始抽时间思考母亲整天过的是什么日子以及她为我做过的事情时，我意识到自己至少应该每周花一两个小时陪陪她，多多支持她一些。”

那则故事还没有结束。他说：“你曾说要成为一名好听众，有一点就是要积极主动，创造我们想谈的东西，而非被动地抱怨我们不喜欢的东西。我问自己‘我喜欢什么？’我喜欢说说美好时光。所以那之后的周六，我带上一本影集，其中有一张照片是一位疯狂的叔叔让我们笑得太厉害，以致眼泪都从我们脸庞上流下来了。还有一张是我们每个夏天都会去的深山小屋。这些让我们都沉浸在美好的回忆中。”

我很感激他回去联想且分享了那2个短语（“我会感觉如何？”和“我想要什么感觉？”）在改变生活方面的潜能。不耐烦就等于不沟通。那些问题能帮助你从沮丧中快速找到出口，助你带上善解人意的耳朵倾听。

为什么说好奇地关注是一份礼物

倾听是一种富有磁性和创造性的力量。我们会靠近听我们倾诉的朋友，会想要置身于他们的磁场半径。当我们有人倾听时，它会创造我们，让我们打开心扉，尽情舒展。

——卡尔·曼宁格，心理学家

我的儿子安德鲁二十出头时，在华盛顿创办了一个非营利性组织。安德鲁得以和霍华德大学的主任罗伯塔·麦克劳德安排了一场15分钟的会面，询问他能否把大学校园中心借给他们，让他们在此给希望项目办个节日活动。

会面进行了3分钟，安德鲁意识到麦克劳德夫人只是出于礼貌，其实她正等着他停下来，以便告诉他这事不可能。他想象到了她的想法："你想要免费使用中心?！你可知道想要等着免费使用中心的组织现在都排成一个大长队了？你可知道租用一下实际上要花多少钱吗？"

安德鲁意识到如果再不做一些与众不同的事情，自己就要被拒绝了。他环视了一下她的办公室，墙上贴满了她和学生们在一起的照片，这些学生都已经成了成功的商界领袖、政治家、教育家和企业家等。这是免费信息。

他不再一味诉说自己想要什么，而是把焦点切换到她身上，问道："您为什么贴这些照片啊？"

她说起了自己具有挑战性的早年以及如何接受教育，才让自己成了想要成为的人，她谈到帮助值得的年轻人获取他们应得的支持和机遇是多么令人满足。安德鲁真诚地关注她，等她说完后，他只简单地说了句"那也是我们的目标"。

她看着他，然后不禁大笑道："好吧，安德鲁，你可以使用中心。"

请注意，安德鲁并非把倾听当成一种策略，他只是意识到想免费使用中心的有几百人，而自己只是其中一个而已。他不再游说，而是开始倾听，而这时他们便真正地沟通了。

想知道接下来的故事吗？霍华德大学已经为希望项目共同举办了四届节日，成百上千人挤满了大学校园中心，他们吃饭、跳舞、唱歌、庆祝和被庆祝。又是谁每年都在那儿，微笑着看他们共同创建的成果？是安德鲁和罗伯塔·麦克劳德。

如果你对别人足够好奇，从而真诚地倾听别人，就能创造永恒的、让所有人都受益的关系，上述实例就说明了这一点。那么你呢？接下来几天里你要和谁会面？一名VIP客户？企业赞助商？潜在客户？长期员工？你能否将先入为主搁置一旁，真诚地倾听他的所思、所想？你能否专心致志地听他说话，从而让他觉得自己在你的世界中是最重要的？在我们缺乏沟通和异化的世界，这样是最好的做法，它能够让人们相互沟通，其实这种有意义的沟通对你们双方而言都是少见的，也是受欢迎和有益的。

如果有人不听我说呢?

一个真正理解我们的人，一个在我们思考自己的问题时能够不厌其烦听我们说话的朋友，能改变我们对整个世界的看法。

——埃尔顿·梅奥，心理学家

你是不是在想“好吧，这有点道理，我尽力倾听别人说话，但是如果他们不听我说呢？”现在的问题是，你使用本书之前提到的技巧了吗？问问你自己：

我有没有使用“你知道吗？”句型来提问，以引发人们的好奇心和让人们抬起眉毛？（第一章）

我有没有通过说出或消除那人的异议，将他或她之前的拒绝

转变为接受？（第四章）

我有没有考虑到他此刻很忙，于是要求占用的时间比他预计的更少？（第十章）

如果上述几点你都做到了，却仍未沟通成功，那么可能是别人觉得你说的话与他们无关或对他们无用。下一章介绍如何让人们觉得与你在一起是富有成效和实际意义的，从而争取到他们的关注。

行动问题：倾听别人，就像你希望如何被倾听一样

人们不倾听他人时，不只是没有学习，而且把巨大的机会和极佳的选择也一并关在了门外。

——斯蒂芬·斯皮尔伯格，导演

1. 谁是真正倾听你的人？他为什么是如此棒的倾听者？你感觉他怎么样？你现在会全心全意地关注谁？

2. 你如何“拉住自己”，不再喋喋不休，而是站在别人的立场和角度上，给双方一些极佳的机会？

3. 回顾一下你填在 W5 表格上的情况。你打算如何通过以下方式给他 / 她高质量关注：

听之 L：看着、前倾身体、抬起眉毛，这样让自己看起来很好奇；

听之 I：想着“现在，你对我而言是最重要的”，这样让自己忽略掉分心的事物；

听之 S：暂不判断，想着“给他或她一次机会”，这样让自己不要过早下结论；

听之 T：记笔记，把启发倾听者的东西记下来，并回顾参考笔记，这样可以建立沟通；

听之 E：移情，问自己“我会感觉如何”，这样防止自己没有耐心；

听之 N：关于这件事没有但是，用“而且”代替“但是”，这样你就是在认可，而非在争论。

第七部分

INTRIGUE 之 U：有用

如果不可行，它就没有用

真正的决定要用你采取的新行动来证明。没有采取行动，就代表没有真正做出决定。

——托尼·罗宾斯，作家

许多人在商业上都面临一个不言而喻的问题，那就是“我为什么要注意你啊，对我有用吗？”

本章介绍如何让你的互动有用，从而对所有参与人都有回报。

本章还介绍如何帮助别人决定他们要采取的行动，从而收获实际回报，也不枉他们把时间、精力和金钱花在你身上。

第十七章
创建现实关联

我们都身处争取关联的竞赛中。

——艾莉诺·克利夫特，记者

让人只是在理论上认同你还不够，必须得让他们在实际中运用你所说的。如果你分享的内容与他们的现实毫无关联，那他们为什么要关注呢？显然优先级还不足够引起他们的注意。

当我和Curemark公司的琼·法隆博士合作她的TEDx演讲时，我们都知道她的自闭症演讲主题不是影响少数人，而是影响全美国的绝大多数人。认识到这一点至关重要，所以琼一开始就说道：

在场的朋友们，有多少人认识患自闭症的人？请举手。

在场的朋友们，有多少人认识和患自闭症的孩子打交道的老师或治疗师？

在场的朋友们，有多少人了解当一个家庭有孩子患上自闭症时，这个家庭要遭受的心碎和困难？

哦，你们几乎所有人都举手了，我能想象出电视机前的朋友们也曾遇到过类似的情况。自闭症患者数正在呈上升趋势，就在上个月，疾控中心做出估计，每68名儿童中就有一人被诊断为自闭症患者，而男孩子中每42人就有一人被诊断为自闭症患者。换个角度说，短短十年间，自闭症患者增加了近80%。这成了一种流行病，我们……①

接着，法隆博士详细讲述了关于Curemark公司如何针对自闭症开发了一项治疗方案，这项治疗方案在临床试验中产生了非常可喜的成果，因此食品和药物管理局正在快速追踪它。

阐明与观众的关系

你知道改变的首要条件是什么吗？是紧迫感。

——约翰·科特，作家

琼花了1分钟，就巧妙地把话题从抽象中剥离，使其变得和在场的每个人都息息相关。琼是怎样达到如此效果的呢？

◆ 要求人们举手。这个要求（真诚自然而非无缘无故地提出）使人从生理上参与进来，并且打造出一个画面，观众环顾四周，又看看自己，发现室内几乎所有人都举起了手。

---

① Fallon, Joan.《破坏的力量》，*TEDx*，2014年5月20日。——原注

◆ 呼喊视频听众，让他们觉得自己正在参与，“别人能够看见自己”。虚拟观众常常因不在现场而感觉被忽视和疏远。琼和虚拟观众建立关联，让他们感觉她正在和他们说话，即使当天他们并不在现场。

◆ 分享来源可靠的惊人调查，证明这种情况正在变得更糟而非更好，制造一种紧迫感和庄严感。

那么你呢？你打算如何把话题从抽象中剥离，使之与每个听众、观众或读者息息相关？你如何把它变得与人如此相关，以至于让人们不得不搁置其他事情，完完全全地关注你，请求你“再多说一些信息”？

如果人们觉得你说的话无关痛痒

你何时才能明白，如果这个东西不适合我，我就对它没有兴趣。

——坎迪斯·伯格曼，女演员

人们不仅关心你说的内容是否与他们自身相关，而且还关心是否与现实情况相关。我曾参加一场当地的政治集会，会上有一名候选人花了整整20分钟抱怨美国校园，以及教师们没有获得应有待遇是多么丢脸。人人都认同他的观点，但他只是一名县级政客，即使他当选了，也不会有机会干预市里教育系统的预算，更别说国家的了。人群变得越来越不耐烦，因为他没有权力纠正自己所抱怨的问题，他的论道根本与自己无关。我身旁的一个人咕哝道“真是浪费口舌”，大家亦有同感。

人们觉得你说的内容是否相关，这一点你该如何辨别呢？只要注意他们的肢体语言就能看出来。如果你看到人们开始不断皱眉、在座位上挪动、使用电子设备，那么他们要么是不理解你说的内容，要么就是觉得你说的内容没有意思或不相关。

如果发生上述情况，就别再继续你原本打算说的那番话了，因为你已经失去了他们的关注，坚持原来的剧本并不能拉回这些关注。这时不妨打破自己原来的思路，说“你们可能会疑惑，这和……（填入你的目的或主题）有什么相关”，然后解释清楚你和他们能够就这一话题采取的行动，让他们重新相信花这段时间是值得的。

例如，其实那个政客在刚开始看到人们的关注游走时就能挽回局面。他可以问“你们可能会疑惑，作为一名县级主管，我怎么会有机会影响市级教师薪酬呢。嗯，其实我已经见过3名教育委员会成员，并且提出了一项计划，其中……”

那样就能获得人们的关注，因为那是指定的（提出解决方案），而非描述性的（提出问题）。人们在听到某事多么糟糕之后就会变得烦躁不安，他们想知道，对此你打算做些什么？我又能做些什么？

概念要具体

我在任何课程上取得的所有成就，几乎都完全基于自己准确记忆了无数术语的定义，比如“计算机科学”的精准意思，或怎样以段落形式解释“项目管理”，或指出市场营销和广告的细微差别。

——凯西·阿克，柏拉图网页设计的所有者

《华盛顿邮报》有一篇发人深省的文章[①]，凯西·阿克在文中透露，尽管他学习了计算机科学（按理是一门精妙的专业，是十大迅速成长的职业之一），但他学到的知识不是过时了，就是在工作中没什么用。“我在任何课程上取得的所有成就，几乎都

① Ark, Casey.《我学了商业和编程，而不是英语，可我仍找不到工作》，《华盛顿邮报》，2014 年 8 月 27 日。——原注

完全基于自己准确记忆了无数术语的定义，比如‘计算机科学’的精准意思，或怎样以段落形式解释‘项目管理’，或指出市场营销和广告的细微差别。”

凯西说进入现实的商业世界才幡然醒悟，发现雇主们才不会关心你定义事情的能力，他们关心的是你做事情的能力。

要在商界成为有趣的人，有一点要明白，我们有责任别没完没了地谈论概念，那对解决问题没什么用处。概念可能是对的，但是概念不会告诉或教导人们该做什么。如果我们想获得人们的关注，那就说明这件事发生在何时何地，以及当时说了什么。把豪言壮语变成现实，这才是我们的责任。

想要了解如何将概念具体化，以及如何把豪言壮语变为现实的实例吗？

豪言壮语：“保护贵公司的计算机免受黑客入侵，这很重要。”

现实世界：“上周一，有家百货商店陷入了恐慌。他们的安全负责人对我说：‘有黑客窃取了过去3年内我们所有客户的信用卡信息。’我们的团队在1小时内赶到现场，识别了漏洞源头，并采取3个步骤将其修复，重建了安全系统。”

概念：务必使顾客感到宾至如归。

具体化：招呼顾客的时候，遵循我说的“十十定律”。走到距离他们10英尺的范围内，微笑着问“请问有什么可以帮您的？”如果你正在打电话或接待另一名顾客，那就看着他的眼睛，微笑着说“稍等，这边一结束我就过来找您”。我们的研究显示，只要你在头10秒内关注人们，那他们就算等上10分钟也会乐意。

抽象理念：让员工们守时，是你作为经理的工作。

实证举例：“员工第一次迟到15分钟，私下跟他说这件事，这是你要说的话……第二次，这就是你要做的事了……”

概念：我们真的无法预测未来。

具体化：在奥斯汀的西南偏南大会上，内特·席尔瓦给出了为什么无法预测未来的例子，他说“总有无法预见的未知数带来的风险”。

不要满足于停留在概念、理论和豪言壮语的分享上，而要详细说明这件事发生在何时何地，以及当时说了什么或应该说些什么。这样一来，你才是在谈论真实的世界，人们才能将你所说的联系到实际情况中，而非让你的话飘在空中，没什么实际用途。将用脑思考的想法接地气地具体到何时何地，这会大大增加你说话的关联性，因为这让人们看到了你的概念产生或能够产生的具体结果。

你有埋单的技能吗?

关键时刻，要么有原因，要么有结果。

——查克·叶格，航空先驱

我喜欢观看电视节目《舞魅天下》，因为它表现的是人们将赌注压在自己身上。在那个众所周知的残酷行业，不论“成功”的胜算几何，这些舞者们全凭天资追求着他们认为自己与生俱来的使命。

看完2014年最后的冠军瑞奇精湛地呈现了一段不拘一格的波萨诺瓦舞后，裁判玛丽·墨菲不禁叹道“你有埋单的技能！”换句话说，瑞奇将永远都有付酬的工作，因为他的才能“广博”，所以能被编舞者们广泛“录用”，编舞者们相信瑞奇能够卓越地呈现他们的愿景。

要想争取人们的关注，那么你要强调自己所说的将如何给他们现实回报。这一点很重要，这些就是为你埋单的技能。没错，INTRIGUE法（凸法则）是关于赢得关注的，但也是关于帮助人们得到根本结果的。

下一章介绍如何做到指定（提出解决方案）而非描述（提出问题）的更多方法，你可以提供几种人们可以采取的相关选择，让人们因为关注了你而收获切实效益。

行动问题：创建现实关联

人人都喜欢的事不一定是对的，对的事不一定人人都喜欢。

——马云，企业家

请拿出你的 W5 表格。下面是一个相关性清单，上面的项目请至少做到一项，以激励人们把事情搁置一旁，全心全意地关注你，因为他们清楚你在谈论的问题对自己具有实际、现实的价值。

1. 提出一系列“在场的朋友们，有多少人曾遇到过这种情况”的问题，让人们有机会自觉认同你的主题或话题。

2. 让人们举手，这是在让他们从生理上参与进来，打造出一个画面，让他们亲眼看到关注此话题的众人，而自己是其中之一。

3. 介绍一个新近发布的研究，说明这一问题正在显著恶化，给人们一种紧迫感，从而激励他们现在就开始关注和行动。

4. 时刻观察观众的表情，如发现他们有不耐烦，不妨说“你可能在想，这跟……有什么关系呢”，这样一解释，人们便清楚了这是如何与自己息息相关的。

5. 介绍发生在何时何地，把你的豪言壮语变为真正的实际行动。这样一来，人们看到你的概念在别处产生过具体结果，因而相信也会对他们起到具体作用。

第十八章
提供选项，而非命令

如果不反思，我们就会盲目走在自己的路上，

产生不尽如人意的后果，无法实现任何有用的成就。

——玛格丽特·惠特利，作家

有趣非常重要，但只是有趣还不够。问题是，为什么要有趣？有趣只是手段，而互相受益的沟通和有用的结果才是目的。

然而，我们不能假设人们愿意采纳我们的建议，并采取行动。曾有多少次，你参加了一个项目，离开时还极度兴奋，渴望下次再去参加，结果一周后就一切都回到老样子了。

正因为如此，我们才要采纳玛格丽特·惠特利的建议，反思如何让我们的互动有用，这样人们才能因我们的互动而有所不同，可能开始做某些事了，也可能是不再做某些事了，等等。

要做到这一点，我们需要把人们从“被动旁观式”转换为“高效行动式”。人们在前者模式下常说的一句话是“我明白你的意思”，在后者模式下常说的一句话是“关于此，我想这样做”。

看到区别了吗？当人们处于被动旁观模式时，谈话就此打住，而当人们转换到高效行动模式时，谈话刚刚开始。

你是否在碰运气？

如果没有效果，即使超人的努力也是一文不值。

——欧内斯特·沙克尔顿，探险家

下面这个例子告诉你，如果只是简单地传递个信息，就假定别人会自己把信息转换成结果，那么会发生什么和不会发生什么谁也无法预料。

一次国际会议上，主题演讲者讲述多年来他花费巨大心血才有资格参加奥林匹克运动的经历——从“透不过气”到“没有进入决赛”，再到“厌恶地放弃运动”，然后又“决定再试一次”，最终“获得奖牌”，故事结束。

观众礼貌地鼓掌，不过也就是礼貌性地拍了拍手而已。演讲还算差强人意，但他一次也没有把焦点放回到观众身上，问问观众如何在自己生活中运用他的例子。他压根儿没有提问：

- 你们有过曾经十分努力，只为达成一个目标吗？
- 你们在前行的路上遇到过挫折吗？都是什么挫折？
- 在挫折面前，你们是选择拱手认输还是毅然前行？

◆ 最终实现了你们的目标，是什么感觉？

他的故事就是他的故事，他没有把它变成大家的故事。他只是在讨论自己，让观众处于旁观者模式，关注他曾经做过的事而不是观众会做的事。

提问以“你们”开头的问题，让见解可行

永远不要放弃提问。

——阿尔伯特·爱因斯坦，科学家

要是那位奥林匹克运动员提出几个以“你们”开头的问题该多好啊。提问以“你们”开头的问题，是从我们的观点转向观众观点的最简单的方法，是把谈话“折回”观众，让他们不再认为这个关于在生活实践中如何应用的演讲一般般。怎样才能想出以“你们”开头的问题呢？不妨提问：

◆ 我要传递的主题思想是什么？（就那位运动员而言是，追随自己的梦想，克服千难万阻和坚持终有所获。）

◆ 你们有没有曾经为梦想特别努力？有没有对什么事倾注自己所有的心血？

◆ 前行的道路上有没有遭遇过挫折？有没有想过认输放弃？

◆ 你们有没有不管怎样依然坚持？结果如何？

◆ 你们从那次经历中学到什么？如果重来，你们会坚持哪些和改变哪些？

看到了吗？以“你们”开头的问题如何把注意力从你的经历转向他们的经历？人们不再是冷漠被动地听演讲，而是思考并和他们以前或现在发生的类似情况联系起来。他们正在想起它的感觉、反思自己的经验教训、想象如果再有一次机会他们会如何改变，等等。这就是沟通……它可以在几秒钟内发生。

你想让人们采取什么行动？

能够不断掌握新知识并应用到生活和工作中的人，将会是我们社会中运筹帷幄的人。

——布莱恩·崔西，作家

还记得我们在十一章里讨论过打造一个口号吗？利用一句引人之语（如“系好安闲带，否则吃罚单”“我们一定会成功”，等等）产生的持久影响还有一个方法，就是确保这个引人之语里有个动词，能够清楚地表达人们可以采取的建设性行动。一个精练的口号也许就是一个口头提示，提醒人们要如何运用新知识。

例如，谢丽尔·桑德伯格“向前一步”的点子就曾引爆过一个全国对话，因为这4个字传达了她认为有利于你职业的一种行为。当谈及或写到她的话题时，她会添加几个以“你们”开头的问题，充分利用这个引人之语，把这个信息变得与大家都相关。她会提问“你们在工作中是向前一步还是退后一步呢？回忆一下最近参加的员工会议，你们参与谈话了吗，还是退后一步，什么都没有说，直到散会悄悄离去？你们参与的社团呢，又是什么情况？你们有没有提出可行方案，还是保持低调？你们有没有曾停下来想一想，应得的晋升、成为项目领导或加薪与否与自己是向前一步还是退后一步直接相关？”通过这些问题，她把自己的见解转换为观众的观点。

在整个过程中不断提及你的口号，可以巩固它，增加人们记住它、分享它，更重要的是依它行动的可能性。

举个例子，想象一下尼尔·盖曼正在电视上就其作品《做好的艺术》接受采访，他可以提问以“你们”开头的问题，从而与电视观众联系起来，让他提供的信息受到更多关注。在分享了史蒂芬·金关于自己如何获得顿悟的故事之后，他可以问：“你们是否担心过哪里出了错？你们有没有被无力改变的事情所蒙蔽？你们有没有让嫉妒之人扰乱心神？也许你想问问自己‘我能控制得了什么呢？我能创造好的艺术，这就是我能做的全部’。”

你的口号有没有实现预期的影响有一个试金石。只需要问人们“我说的话或写的文字中，你记得什么？”或者“你受到鼓舞要做些什么改变？”如果大多数人不能重复你作品里的任何东西，或不能说出一点儿因为你的作品而发生的变化，那么说明你的口号没有实现预期影响。

乾坤大转移

如果你问“几点了”，你的意思是问现在几点了。

——尤吉·贝拉，棒球运动员

本节的主题是获得别人的注意还不够，你的目标是转移，现在就来个乾坤大转移吧。然而，许多交谈都在低声抱怨中结束。很多人以一句简单的“谢谢”或“感谢您花时间”圆满结束演讲。谈论一下留在桌上的结果吧。

如果你想让人们收获切实的结果，就不能如此狡猾地结束。

你要问一些问题，把具体行动的种子种到人们心里，督促人们说清楚他们具体打算何时、何地以及如何运用到自身以及其他人的生活中。行动问题示例包括如下：

◆ 明天回到办公室后，你们会做的一件不同的事情是什么？

◆ 如果这个人再打扰你，你会说什么？

◆ 今晚回到家后，你会把提醒卡放在哪里？

◆ 在我们下次 14: 30 休息时……

实际上，一位名叫玛西亚的企业家就是这样做的，她把具体行动的种子（“在我们下次 14: 30 休息时……”）种到人们心里，激励那些疲于做展示的投资家坚持之后与她联系。玛西亚本来是要在午餐后进行演讲的，她很担心观众下午一般会出现的厌烦情绪，因此我们打造出一个 60 秒结束，在 1 分钟内确保观众会想要与她在之后沟通的演讲。下面是她的演讲内容，然后我会教给你如何根据你的情况改编。

◆ 我叫玛西亚，银色长发。

◆ 在我们下次 14: 30 休息时，我在前厅右手边的摊位上等着你。

◆ 如果你想要看产品展示、我们的财务规划或想要会见我们的 CTO 讨论我们的专利软件，我们欢迎您参观我们的摊位。

◆ 再说一遍，我叫玛西亚，银色长发。我期待 14: 30 与你不见不散。

猜猜在下次休息时被人群围住的是谁？不错，就是玛西亚。为什么？她是唯一一个给出 3 个追随她理由和方式的人。她：

◆ 重复自己的名字，近乎刻印在了人们脑子里（想一下，漫长的一天过后，你还能想起来几个演讲者的名字呢？）

◆ 做了一个栩栩如生的自我参照，让她在人群中脱颖而出（这是十分重要的。茫茫人海中，如果你不给人一些有趣多彩的线索，人们怎么能找到你呢。线索比如说“我是鲍勃，穿着绿夹克”或“我是帕特丽夏，戴着独一无二的帽子。”）。

◆ 确定了一个人们可以找到她的具体时间和地点（这点太重要了，绝对不能忘记。例如“我下午 15: 00—16: 00 在前台”或“周一 10: 00—12: 00 营业期间欢迎来电”或“9 月 3 号我将回到得克萨斯州，届时很高兴安排一场面对面的约会”）

◆ 提供了 3 个激励人们继续这场谈话的诱因（太多人会以一句“如有疑问，请您一定要告诉我们”而模模糊糊地结束）。

举例回应

如果不喜欢正在讨论的话题，请改变谈话。

——唐·德雷柏，广告狂人

想要帮助人们获得现实结果的另一种方法吗？不要直接说“你得改变一下了”，而是建议他们能够说些什么不同的话，这样他们自己就知道如何改变了。

如果人们不知道要说什么，那么他们通常就什么也不说。例如，当我在女性领导项目上演讲时，我通常被问到：“为什么女性对彼此那么阴险狡猾呢？”

我是如何回答的？我说：“我认为，每次我们问或者答这个问题时，其实都更加巩固了这个消极的老问题，说出一两个名字对我们的课程于事无补。如果我们的目标是支持彼此，那么是时候改变这个问题了。下面就是我们该怎么做。”

如果有人问到“为什么女性对彼此那么阴险狡猾？”或者诸如此类的问题，那么不要重复我们不想要的词语。每次重复，我们都更加强调了不想要的词语，这就像告诉孩子“不要围着池塘跑”。孩子会怎么做呢？围着池塘跑得更欢了。

相反，你可以说“你知道吗，我发现女性彼此相当乐于助人。实际上……”然后分享一个关于女性帮助和支持自己的实例。要想扭转这种无益的看法，只有一种办法，那就是别再抱怨，创造出一个关于女性为彼此庆祝的全新故事。这才是我们想要的，不是吗？

注意，我并没有用老掉牙的“不能一概而论”。陈词滥调只是表面上的建议，因此只会让人感觉无益。举出实例，说明你受到女性帮助时该说的话才更有帮助。给出示例回应，重拾人们的信心，因为他们发现自己有话可说，而不是哑口无言。

想要关于“女人狡猾”这个问题的另一个示例回应吗？引用《周六夜现场》演员艾米·波勒的故事。有一次被记者问道：“你讨厌专横的女人吗？”艾米回答：“我恰恰喜欢专横的女人，因为专横并不是一个贬义词，而是意味着有激情、忙碌、野心勃勃，而且不介意做领导。[①]”艾米，好样的。

示例回应从根本上改变人们，它的影响让我不得不佩服。一个研讨会成员举手说：“我从来不喜欢女人说彼此狡猾或专横，但是我从来没有说起过，因为我不知道该说什么。现在，我有

---

① Couric, Katie.《艾米·波勒回答凯蒂·柯丽克说自己恰恰喜欢专横的女人！》，《魅力杂志》，2011年4月。——原注

个看法。”

这就是示例回应的力量，它让人们说出来，而不是扭过脸去。

帮助人们把计划付诸行动

生活就是在你忙着制订其他计划却不经意发生在你身上的事。

——约翰·列侬，音乐家

如果我们都能把计划付诸行动该有多好啊！然而，你知道这是不可能的，这就是生活。还有一个办法能够帮人们把好的计划付诸行动和收获结果，那就是收集和分享你的前十条“付诸行动名言”。我建议人们把它们贴在可以看到的地方，也许这些格言就是治愈拖延症的良药。我的前十条格言是：

1. 策略即记住你想要什么。——体育馆海报

2. 事实到来的那一刻，要么找理由，要么收获结果。——查克·耶格尔，飞行员

3. 我在书中看到过无数个借口，就是没看到一个好的借口。——鲍勃·格林，健身教练

4. 我宁愿因做过的事情后悔，也不要因没有做过的事情而遗憾。——露西尔·鲍尔，演员

5. 行动是绝望的解毒剂。——琼·贝兹，歌手

6. 一年后，你会后悔今天没有开始。——露丝·里德，作者山姆·洪恩的母亲

7. 生活喜欢被人牵着衣领，告诉你“我与你同在，孩子，我们走吧。”——玛雅·安吉拉

8. 生活的广度与一个人的勇气成正比。——阿娜伊斯·宁

9. 想更幸运的话请抓住更多机会。——布莱恩·崔西，作家

10. 让我们起床，用心面对……——亨利·沃兹沃斯·朗费罗，诗人

为什么要提供选项，而非命令

通常，人们更容易相信自己发现的原因，而不相信别人发现的原因。

——布莱斯·帕斯卡，作家

你可能在想：这些建议言之有理，可是为什么要把本章命名

为“提供选项，而非命令”呢？好问题。请回顾一下本章的技巧。你发现有个模式了吗？这些建议都不涉及下命令。所谓下命令，就是指使别人应该做什么。你见过谁喜欢听别人使唤吗？没有吧。

如果直接指使别人，说“你得……”“你必须……”“你应该……”“你需要……”会引发人们一种“哎哟”的直觉或“你又不是我的老板”这种内心反应。本章里的所有建议都是用“你也许想要……”等类似句子提供选项，让人们自主选择或发现那些最吸引人或与之最相关的建议。

INTRIGUE 法（凸法则，激发别人兴趣）的目标并非控制或操纵别人按照自己的想法做事，而是提供行动选项，让人们自由决定自己想要做或想要追随的事情，发自肺腑地想做，而不是被告诉怎么做。

行动问题：提供选项，而非命令

我总是说，不要制订计划，要制定选项。

——珍妮弗·安妮斯顿，演员

1. 请回顾一下你的 W5 表格。你会问什么以“你们”开头的问题，提供什么选项，让人们自主自愿追随对他们有益的方法？

2. 你建议什么样的对话短语和示例回应，让人们确切地知道该说什么和如何更高效地处理有挑战性的情况？

3. 你打算介绍哪些鼓舞人心的名言，帮助人们治愈拖延症，把好的计划付诸行动？

第八部分

INTRIGUE之E：实例

不要讲故事，讲实例

实例不是影响他人的主要因素，而是唯一因素。

——阿尔伯特·施韦策，人道主义者

在这部分，你会发现，要与人沟通，用实例说明你的观点是你能做的最好的事。

为什么我们能够花几小时看小说而不觉得累呢？那是因为作者把我们带入了那个意境中，我们就在现场，他们是在重演我们关注的情境。

这与信息肥胖症恰恰相反，《麦克米伦词典》上把信息肥胖症定义为“不断消费大量信息的情况，尤其是这些信息对当事人的幸福和集中注意的能力造成消极影响时”。

学会用重演的实例代替信息肥胖症吧，它可以让你的沟通有板有眼，因此更加真实，也是用真诚打动人的关键。

第十九章 用“邮轮上的狗”阐释观点

当你开始发展自己的移情能力和想象力时，整个世界都会向你敞开。

——苏珊·萨兰登，演员

《华盛顿邮报》上曾刊登出一个十分吸引人的故事，让我大开眼界。原来，帮人们想象一个情境对人移情的帮助如此之大。一艘邮轮在远离夏威夷海岸800海里的地方着火了，经过的游艇尽力抢救，救下上面11个船员①。

着火的邮轮船长召开了一场新闻发布会，表达他和船员对救命之恩的感激，不过他说自己现在能想到的，都是他的宠物狗好吉，它被落下、被抛弃在邮轮上。

结果这场新闻发布会和船长讲述的关于好吉的悲惨故事流传开来，捐款开始从世界各地蜂拥而至，从5美元、500美元甚至增加到5000美元！

美国海军改变了太平洋舰队的操练区，搜索公海5000平方

---

① Vendantam, Shankar.《超越理解：我们知道种族灭绝和饥荒是比失去一只狗更大的灾难，至少我们认为自己知道》，《华盛顿邮报》，2010年1月17日。——原注

英里的海域，努力寻找那只邮轮。最后，他们找到了邮轮，派C-130运输机飞过去检查是否有好吉的踪影。

果然，有个白棕相间的东西正狂乱地随着甲板跳上跳下，在漂流了整整25天后，好吉竟然奇迹般地生存了下来。美国海岸警卫队投入25万美元全力营救好吉，尽管困难重重，他们还是把好吉安全带回夏威夷。

故事讲完了，你是不是在想："对好吉是好事，可这跟与人沟通有什么关系？"

这就是问题。为什么世界各地的人们都想拯救一只狗呢，要知道，他们自己城市、州和国家还有成千上万的百姓需要食物、水和帐篷呢？

正如那篇文章的作者尚卡尔·韦德塔姆解释的那样，这是因为一个叫作移情望远镜的东西。所谓移情望远镜，是一种心理现象，即"关心一个人要比关心一堆人更容易"。

为什么？我们可以设身处地为一个人着想，我们能想象和同情那一个人的境遇。我们能够看到，能够与他联系起来，能够确定这是可行的。我们无法设身处地为不计其数的人着想，我们的思想和心无法想象、理解或勾勒出太多人，因为这是令人却步的。一个人是与我们有关的，而一堆人就与我们无关了。

这对你而言是什么意思？也许你是某方面的世界顶级专家，

但在解释观点时，还是需要引用一个人的真实例子，这个人体会过你所讨论的事物，直接知道你的方案多么有价值，否则人们可能会觉得你的讨论没有意思。

人们能否构想出你说的内容?

灵魂的思考从未脱离记忆的图像。

——亚里士多德，哲学家

在国家演讲者协会的午宴上，我紧挨着坐在某个新人旁，自我介绍道："我是山姆·洪恩，研究INTRIGUE法（凸法则）的。"他说："我是汤姆·图依，运营一家公益组织，名叫'孩子的梦'。"

（提示：想要绕过闲聊吗？别问"你是做什么工作的"，那会造成信息肥胖症，而是要问"你工作中有什么事例吗？"，那么人们将跳过职业描述，转而直述类似小狗在游轮上的故事。）

我记着这个提示，问汤姆："'孩子的梦'做过什么事例呀？"

汤姆想了一会儿，说："嗯，有个年轻人叫JJ，他十七岁时因为打曲棍球被板子绊倒，扭断了脖子，当场瘫痪。经过数月的手术和康复训练，JJ在我们的极度放松项目里已经变得很活跃了。

不过他真正的梦想是到墨西哥度春假，所以我们就满足了他的梦想。我们在墨西哥的最后一天，JJ看到一个小宣传册，里面讲述了如何和海豚共游。他跟我说想试试。”

“于是我们就带着JJ去了海豚部。我和迪克分别从两边驾着他走到泳池里，教练让一只雌性海豚陪他一起游泳。这只海豚围着我们几个慢慢地游动，然后突然在JJ的正前方停下了，用声呐盯着他看。显然，它开始有点激动，大概是因为它的声呐识别到JJ身上有些与众不同的东西，她却无法辨别出来。”

“海豚越焦躁，JJ也越难过。他看着我说‘我不想惹麻烦，把我带上岸吧’。”

“谢天谢地，这个教练很有同情心。他说‘等等，让我把它男朋友放过来，看看怎么样’，于是他放入了一只雄海豚。雄海豚也是围着我们几个游，也在JJ前面停了下来，扫描他的身体。这只雄海豚反而变得有些亢奋，游向雌海豚，然后就咔嗒咔嗒地游远了。”

“JJ很有幽默感地笑着说‘猜猜他们在议论谁？’”

“然后，你猜怎么着？一个奇迹发生了，那只雌海豚游向JJ，竖起尾巴，向前一步，给了他一个吻。”

“邮轮上的狗”的故事如何引发移情?

如果我们再继续不断解释，那彼此间的理解将不复存在。

——塔利尔，法国外交官

你是不是在想：“这是个催人泪下的故事，可是它与移情望远镜又有什么关系呢？”

你参与过慈善活动或机构吗？如果参与过，那你一定了解，现在它们当中有一些正在陷入财务困境。受到沉重的经济打击，许多赞助企业都已削减了捐款。

许多非营利组织的领导公开展示形象，利用5到10分钟的机会，在众位基金会高管和慈善高管们面前叙述他们在来年值得赞助的理由。

汤姆尽可能抓住每次展示机会，希望给“孩子的梦”筹得资金，支持其扩大项目与服务。当时，每个人都放映幻灯片，谈他们的资金分配以及服务过的人数之多。然而轮到汤姆时，他却只是讲了JJ的故事。

在他（陈述）的最后30秒，他告诉人们，“孩子的梦”这个组织已经帮助过5000名像JJ一样的孩子，而只需对每位孩子100美元的投资，就可以帮助更多像JJ一样的孩子，让这些孩子们走出边缘，重新热爱生活，自如地参与滑水和骑马等。此外，他还告诉人们在下个休息时间，他很高兴与大家探讨如何做到这些。

在这长长的一整天报告结束后，你觉得那些决策者与谁联系起来了？他们会记得谁？他们走向谁，选择投资谁？

请注意，我没有说其他组织就不值得赞助。我是说，信息如此之多，解释并不能引起他人的共鸣，逻辑亦使人淡漠。观众关心的是人，而非观点。

你在交流中使用诸如“邮轮上的狗”这样的具体实例了吗？

艺术的功能在于能够重塑我们的感知。作家动摇了熟悉的场景，而且如同魔法一般，让我们看到蕴于其中的崭新意义。

——艾纳伊丝·宁，作家

你知道威丹图门的文章标题是什么吗？是《种族灭绝和饥荒》。你读过那篇文章吗？至关重要的是，威丹图门清楚，倘若他不颠覆事情的始末，帮助人们用新的眼光看待那个模糊的主题，有些人可能就会退出。他用“邮轮上的狗”这个具体实例作为开场，让读者们认识到，如果我们想要其他人关注一个问题（不论是种族灭绝、饥荒，还是残疾人等），那么最好分享关于某一个人的例子，这样可以引起人们的共鸣，而不是让人们招架不住。

这对你来说意味着什么呢？你有什么大思路、问题或事业吗？你越是努力描述情况有多惨，受灾人数何其之多，越会把人们吓跑。相反，你要想想，哪个能说会跳的人可以证明我所言非虚？谁是我想说清楚的事情的典型代表？

我如何想到“邮轮上的狗”的例子？

优秀的小说引发共鸣。小说把你带到另一个地方，让你经由另一个人的视角，去体验别样的生活。

——芭芭拉·金索沃尔，作家

你是不是在想：“好吧，你言之有理，可是你真建议我们不说故事只举实例吗？”我也很喜欢故事，可是这20年来，我一直在指导人们，让他们的书面和口头交流更加引人注目，你知道我从中发现了什么吗？

尽管越来越多的人承认故事在商业中的力量，但众多专业人士还是认为，讲故事是迪士尼才会干的事，或者是你在篝火旁讲的东西，或是你在睡前给孩子们讲的东西。不论公平与否（显然不公平），许多决策者依然视故事为“肤浅的娱乐”，他们感觉那些都只是你编造出来的，因此在商务沟通中并无立足之地。某种程度上他们会想“这个就是你瞎编乱造的，你还编了其他的什么呢？”

正因为此，我才强调一定要用真实发生的例子来阐释你的观点。你如何找到例子？社会上有些情况可以证明你想阐述的内容，一定要对这些情况保持敏感。了解我的人都知道，我非常频繁地使用“60 秒之例”。提供一个迅简的例子，说明哪个人已经成功做到我所谈之事，这正是一条让人们说“现在我明白了”的捷径。

请拿出你的 W5 表格。你想让人们理解、关心、联系和有所行动的主要点是什么？

- 哪个人因践行了你的建议而战胜了挑战？
- 哪个顾客因你的公司而变得更好？
- 哪个顾客因你的产品而解决了问题？
- 哪个协会会员因加入你的组织而蒸蒸日上？

那个人的英雄之旅是怎样的？以防你不熟悉英雄之旅是什

么，我来介绍一下，它是作家约瑟夫·坎贝尔的作品，是一个许多小说家和剧作家惯用的故事结构。故事里的主角离开家，面对逆境，最终取得胜利，荣归故里。

你的实例（诸如“邮轮上的狗”那样的实例）本质上也是一个英雄之旅的故事，讲述这个人最终战胜了与你主题相关的挑战。人们会认同你所说的话，因为他们置身于你的角色，并与他们的经历关联起来。他们不再漠不关心和认为事物与自己遥不可及，而是开始关注你所关心的事物。

行动问题：用诸如“邮轮上的狗”之类的具体实例阐释观点

也许，同理心训练应该成为我们正规教育的一部分。想象一下，如果有“阅读、写作、算术和同理心课程”，那世界该是多么大有不同啊。

——尼尔·迪格拉斯·泰森，天文学家

1. 看着你的 W5 表格，你主要想解释清楚什么呢？有没有某个人的真实例子，他在不利的情况下，最终多亏与你的公司合作、使用你的产品、聘请你的服务或按照你的意见行事而获得成功了。

2. 你如何利用实例而不是解释开始沟通，以便让人们立刻提起兴趣，而且能够构想出你所说的情境？

3. 你关心的事情中，哪些是目标受众不关心的？为什么人们要怀疑那些事情和对它们冷漠？什么时候某个人之前怀疑和冷漠，后来却对相似情况十分信任？你如何把故事转变为“邮轮上的狗”之类的例子，引起人们的共鸣。

第二十章
让人们身临其境

音乐家的职能是理解事物的内涵并能够传达出去，使之活在别人的生活里。

——马友友，大提琴家

16 岁的诺贝尔和平奖得主马拉拉· 优素福· 扎伊就是这样一个人，她十分擅长与人交流信息，让自己的信息活在别人的生活里。马拉拉倡议巴基斯坦女性接受教育，却被登上校车的塔利班枪手击中头部和颈部。如今，她已经康复，成为一名拥护女权的战士。

在一次《每日秀》的采访中，乔恩·斯图尔特问马拉拉，如果再次被塔利班枪手袭击，她会做什么。马拉拉仿若枪手就站在自己面前一般地说道："我会告诉他教育是何等的重要，我希望你的孩子能够接受教育。我会说'这就是我要说的，现在，动手吧'。"

观众给了她雷鸣般的掌声。斯图尔特一时说不出话来，片刻之后他才说道："我知道你的父亲正在后台，他很为你骄傲，如果我想成为你的‘义父’，他会生气吗？[①]”

也许你想亲眼看一下这段视频，看看马拉拉如何将人们带入情境，以便让他们明白自己要表达的内容。

为何重演以往可以创建关联?

如果此刻不是说真话的好时机，那我无以见得，何时方能获之。

——妮基·乔凡尼，诗人

请注意，马拉拉说的不是一个虚构的故事，而是再现了曾经发生在她身上的真事，并回答了如果再次发生类似情况，自己将会说的话和采取的行动。

INTRIGUE 法（凸法则）有一个绝对的方面便是，此刻永远是说真话的好时机。这是唯一可以取得人们信任的途径。重演现实生活中的事件可以打造可信度和公信力，人们不会再揣想这是不是你从互联网拉下来的东西。他们与你同在那个情境，看到你所看到的东西，确定发生的事情。

---

① Yousafzai, Malala.《乔恩·斯图尔特在“每日秀”中的采访》，《喜剧中心》，2013 年 10 月 8 日。——原注

当我们将人们带入同一情境，他们便不再感到孤立和孤独，而是感到有密切关联，因为他们已经成为共享经历的一部分。好吧，现在我们解释了半天为什么让人们身临其境是如此有效，下面介绍一个实例，说明如何做到这一点，然后我会分享五个具体的步骤，你可以在写作或口头交流中使用这五个步骤，让人们身临其境。

许多年前的一个夏日，我正在专心致志地写一本书。时光飞逝，在我反应过来的时候，9 月已至，而我竟然一次都没有去游过泳，况且我还住在湖边。

我对自己说这种事情以后绝对不能再发生，我发誓要一周游几次泳。一天下午，在一天的咨询过后，我跳上我的车，踏上我的“游泳之旅”。当我开车经过一个树荫下的泳池时，突然心血来潮，于是停车，带着我的护目镜和磨毛毛巾走进泳池。

一看到浅端的喷泉，我马上意识到自己找到了一个“家庭”泳池。我紧挨着一个妇女坐在躺椅上，她正看着她的 3 个孩子玩耍。几分钟后，一个身穿西装的男人走了过来。3 个孩子从池里跳出来，跑去见他。

“爸爸，爸爸”，他们叫着。男人给了他们一个拥抱，吻了吻妻子的脸颊，然后跑去更衣室换了泳裤。不一会儿，他走进泳池，被崇拜他的孩子们包围着。孩子们向他展示在游泳比赛中学到的招式，从他的肩上跳水，玩马可波罗。得知有家庭仍在玩马可波罗，我心里十分高兴。那画面仿若只有诺尔曼·罗克韦尔的画中才有。

突然，他停了下来，看着妻子并几乎带着些许惊喜的语气说："亲爱的，我们何不把这个定为默认的习惯呢？我们何不每天下班后就在游泳池见面呢？"

我不得不承认，我屏住了呼吸。我看着她，心里想"拜托，一定要答应啊"。

她思忖片刻，微笑着默许了，然后简单地说了句："是啊，为什么不呢？"

5 秒钟内，他们放弃了旧传统，制定了新习惯，而这个新习惯可以永远给他们的家庭带去有利影响。现在，他们不再是"起床、工作、回家"，而是"起床、工作、游泳、回家"。也许他们会永远记得，在游泳池里遇见爸爸的每个夏夜，谁知道呢，在他们的世界里，那个夏天的每件事都如此美妙。

如何让人身临其境

我认为，与其说人们在寻找生命的意义，不如说在寻找活着的经历。

——约瑟夫·坎贝尔，作家

你是否在想，游泳池的故事跟与人沟通有什么关系呢？想象一下，我想说明我们中有多少人都在无意中破坏了我们与人沟通的能力，因为我们使用旧习惯。我是想推荐采用我们的新习惯，帮我们创造共赢的沟通。

我可以继续滔滔不绝地解释，也可以让你身临其境，用新方式代替旧方式，让我们都受益。哪个更有吸引力和说服力？

下面是五个具体方法，可以让实例更加活灵活现，通过让人身临其境，他们会做出你建议的转换。用以下方法让人们身临其境：

S = 感官细节：它看起来什么样子，闻起来什么味道，听起来什么声音，感觉起来什么感觉？足够详细生动地描述时间、地点、具体位置，让人们感觉自己通过心灵之眼正站在或坐在你旁边。

C = 冲突：出了什么差错？谁是你的“主角”？他或她在纠结什么？他或她克服了什么挑战？一定要分享变革性转变，这样我们就知道他 / 她正面临什么问题以及如何解决。

E = 去经历：不要只用嘴讲述你的实例，而要在你头脑中重新经历一次，就好像现在发生似的。罗伯特·弗罗斯特说：“没有流泪的作家，就没有流泪的读者。”你希望自己想与之沟通的人有什么感觉，首先自己要有这种感觉。

N = 叙述：为什么我们可以接连几个小时读小说而不觉得累？因为故事让我们感觉我们就在那里。叙事是绝对没有商量余地的，包括来回对话（他说：“我不相信会发生这样的事。”她说：“我简直不能相信这在很久以前居然真的发生过。”），因此小说是活生生的。

E = 顿悟：学到了哪些经验，是皆大欢喜的结局、光明来临的喜悦、乐队演奏还是每个人都听懂了？

从前，演讲行业里有个口号就是“找一个论点，讲一个故事”。现在是时候更新一下这个口号了。在如今这个耐烦匮乏和注意破产的时代，如果你花别人太长时间，没人会让你讲故事。最好是成功地让人们身临其境，因为现场自会为你说明一切。

行动问题：让人身临其境

如果讲故事有魔法，我相信是有的，那么这个公式似乎只存在于想传达自己所感的急切愿望中。

——约翰·斯坦贝克，作家

你如何通过让人们身临其境（SCENE）而把事例变得更加真实？你如何重新激活现实情境，在这个情境中某个人成功克服了相关挑战。

S = 感官细节：你如何生动地描述情境的具体情况，让我们拥有场所感，感觉自己正站在或坐在你旁边?

C = 冲突：你如何确定“主角”面临而最终克服的挑战和挫折，这样让我们一起确定和感受他 / 她的痛苦。

E = 去经历：你如何把自己放回那个情境，让自己从头脑中重新经历一次。这样故事在我们心中和你心中都是有板有眼的。

N = 叙述：你如何重新创造发生过的真实对话（即使是你想出来的），就好像对话现在正在进行似的。

E = 顿悟：你如何熟练运用经验，包括皆大欢喜的结局或者故事的寓意，好让我们全面理解，并产生感情共鸣。

第九部分

小结和行动计划：接下来怎么做？

我认为精通与乐观密不可分。在项目刚开始，我相信自己的整个职业都是为此刻准备的。怀着这种心情，我会说："哦，我们开始吧，我准备好了。"

——特怀拉·萨普，舞蹈家、舞蹈编导

在最后这一章，我们来回顾一下我希望这本书能够带给你的转变。

我希望你积极乐观，蓄势待发，要把这些观点付诸行动。

如果你做到了，它们会帮你赢得别人的关注，让你与人们无边界地沟通，并一劳永逸地扩大你的影响。

第二十一章
一劳永逸地扩大影响

我懂了，你不能双手都戴着棒球手套走过一生，你要能将一些事甩在身后。

——玛雅·安吉拉，作家

布琳·布朗是肯定把一些事甩在身后了。几年前，布琳是美国 127 万余名教授中的一名。现在，她凭借自己的著作、奥普拉《超级灵魂星期天》采访和 TEDx 演讲《脆弱的力量》给数百万人带去积极的影响。《脆弱的力量》是他们视频下载排行榜上的前十名[①]……这也是理所当然的。

我初次遇见布琳是在戈达德航天中心的领导座谈会上，那次会议的组织者盖尔·威廉姆斯乐于让之前的演讲者参加他们的特殊大事件。当她邀请我参与布琳的项目时，我立即回复了同意。

大礼堂里座无虚席。只用了几分钟，布琳就从一个自我描述的学术呆子转身为一个满腹爱心的妈妈。她说没想到自己会永远在为孩子们担心。她说："我过去从来不会担心什么，不过自从当了母亲，我会晚上在孩子房间里，看着他们入睡，不知不觉就

---

① Brown, Bren é .《脆弱的力量》，《TEDx 休斯敦》，2010 年 6 月。——原注

会落泪。我知道这很神经，孩子们很健康，可我却很痛苦，这说起来完全无厘头。”

关于这一点，布琳原本可以详细介绍她的研究，告诉人们为什么通常伴随爱和幸福而来的是不合逻辑的恐惧感，她原本可以讲述脆弱的科学性和心理学根据，指出任何人都会受此影响，等等。她没有这样讲，反而带领我们走进一个轶事的场景，让我们自己看到这种现象是多么普遍。

“想象一下下面这幅场景。一家人正开车去爷爷奶奶家过圣诞节，他们时间来不及了，父母开始相互指责对方。后座的孩子们感受到了紧张气氛，试图缓解，于是唱起了《圣诞铃声》。父母相互看着对方，想‘我们在干什么呀?！’于是开始和孩子们一起唱。幸福的一家唱着《圣诞铃声》走在去爷爷奶奶家的路上。然后，你猜怎么了？”

猜猜大部分人的答案是什么？“他们出了车祸。”

“这是不是你的答案？你知道这个答案意味着什么吗？在内心深处，你觉得幸福太美丽，美丽得不像真的。即使在最快乐的时候，你还是会等待最后的结局。”

此时静得甚至能听见一根针掉下去的声音。国家宇航局大礼堂里的每个人，从天文物理学家到航空工程师都完全被吸引住了。为什么布琳在一开始就吸引了我们？为什么她的语言引起那么多人的共鸣？为什么她的职业威望如流星般迅速地上升？

当然了，有很多原因。我们刚才也见识了，布琳很擅长把我们带入一个情景，表达她的意思。布琳是百分百真诚的，她并不是想让我们记住她，而是想与我们真正地沟通。不过，她的成功并不只因为口才和通用的见解。我认为，她是践行 INTRIGUE 法（凸法则）全部元素的楷模，所以才如此成功。

让自己和他人更上一层楼

当我们心怀感恩、健康，充满激情和以更高的视野看待自己时，我们就让每个人都更上了一层楼。

——玛丽·楼沃德，作家兼名人堂演说家

如果你能创建赢得预期观众注意和尊重的有趣谈话，你就能随时随地与任何人沟通，即使是与天文物理学家和科学家谈论脆弱这样的“软”话题。布琳就是个很好的例子，她没有患不能沟通的信息肥胖症，而是使用本书介绍的 INTRIGUE 法（凸法则）方式，创造了共赢的沟通。她的实例告诉我们两者之间的差别。

信息肥胖症的结果：

- 一张口就失去观众
- 真实的也是古老的
- 浪费时间，失去信任
- 容易遗忘，看不在眼里，也不放在心上
- 单向通知
- 以赢得关注为首要目的
- 无用、无关
- 一味解释，造成困惑

而 INTRIGUE 法（凸法则）的结果：

- 一张口就抓住观众
- 新颖的、原创的
- 高效、获得信任
- 容易记住，因此一直记在心头
- 双向互动
- 首先关注别人
- 有用、有关
- 运用实例，引起关注

如何使用 INTRIGUE 一劳永逸地扩展影响

如果我不想平平凡凡呢？如果我想要卓越呢？

——威尔·史密斯，演员

布琳的影响非凡，这是好事。请一定要明白，努力扩大影响并不是要傲慢，而是要贡献。想要给尽可能多的人带去一些不同，是敬重生命和充分燃烧生命的一种方式。

然而，我发现，有些人最初却不愿意如此。在一次为女性企业家做的展示上，我的话题是“如何通过演说、写作和训练我们的 EEE（专家、经验和顿悟）增加影响力”。

我让她们分享自己最近的成功时，几个人都拒绝了，这让我大吃一惊。有人说：“哦，我觉得，我要说的话没意思。”也有人说：“我没有时间准备。”还有人说：“我做的事都很平常，没有什么可说的。”她们对自己所能提供的价值几乎是全面贬损。这些人都是成功的经理啊，其中有位朋友曾组织过一次参与人数众多的募捐集会，我让她分享从中学到的经验，结果她退缩了。

我说："你都没有想过或说过，怎么知道不行。实际上，你完成了一次非常成功的大事件，吸引了PGA总裁和几位议员参加。当时到场的人都受益匪浅，而现在，如果你能讲述如何做到的，同样会让这屋子里所有的人受益。"

她说："可是我又不是专家，好像告诉别人怎么做显得有点傲慢。"

"我很高兴你能直接说出来。与人分享经验不是傲慢或自负，而是贡献和给予。你不是在宣称'我是最完美的，我无所不知'，而是在说'这是我经历的事情，在这里与大家分享，希望能对大家有一点儿帮助'。"

你有没有那样想过？藏在头脑里的经验帮不到任何人。我们都曾经历过或许对别人有益的事，不跟大家分享几乎是自私的做法。你后退时不能发挥自己的作用，只有在站起来的时候才能发挥自己的作用。

她明白了，于是站起来，往前一步，用3分钟对我们讲述了自己是如何做到的。她让每个人都从分享的经验中受益匪浅，因此她对这组人是有贡献的。

装在脑袋里的经验帮不到任何人

最后，我不在意你要说什么或卖什么了，而是在意你如何选择生活和给予。

——科里·布克，美国参议员

你呢？有没有人曾邀请你在商业会议上或对同行分享经验？你是不是说："谁？我？不行不行……"

如果工作上哪个人让你与其他员工分享自己来之不易的智慧，你会不会拒绝？如果电视记者或报社记者想采访你关于你的生意、事业或对某个话题的看法，你会不会退后一步说"不用了，谢谢"？你有没有因不切实际的标准或担心自己不能完美表现而退后，匆匆拒绝？

不要再这样了。本书向你呈现了工具，让你可以自信地谈论关心之事，随时随地与任何人真正沟通。现在，你知道了如何在第一时间里让人们抬起眉头；你知道了如何介绍新东西，让人们想要了解更多；你知道了如何通过简明扼要获取信任；你知道了如何分享生活中的实例，给他人有形的价值；你知道了如何生活和付出。你有机会也有义务运用你的新技能玩更大的游戏，一劳永逸地扩大自己的影响力。

我希望你……

我希望每个人都能富裕、出名和拥有一切他们曾梦寐以求的东西，这样他们就会知道，那些不是答案。

——金·凯瑞，演员

我从加利福尼亚州南部小城镇上长大，这个城镇上马比人还多，书一直是我的玩伴。直到14岁那年，我才从一个孤立的山谷上看到了“外面的大世界”。大学毕业后，我阴差阳错地来到了希尔顿海德岛。在那里，我合力经营罗德· 拉沃的网球度假胜地，这让我有机会与“富人和名人”打交道。

让我特别吃惊的是，正如金·凯瑞说的那样，尽管这些电影明星、知名模特和行业巨头外表光鲜、成功，但他们都不快乐。我亲眼看到了财富、名声、奖项、获得的荣誉称号都不是答案，那么答案是什么呢?

答案是沟通，我们从哪里开始，便在哪里结束。生命尽头时，什么才是重要的？你有没有贡献价值和产生积极影响？你有没有伸出援助之手而不是退缩？你有没有关注真正重要的人和事？你有没有跟对你而言重要的人们进行沟通？

如果想要成功，选择 INTRIGUE 法（凸法则）

你不必是天才或有眼力的人，甚至也不一定要读过大学，才能成功。你只需要一个框架和一个梦想。

——迈克尔·戴尔，戴尔计算机的创始人

本书向你介绍了赢得他人注意和尊重的框架，给了你创造共赢沟通的“食谱”。INTRIGUE 法（凸法则）的八个部分能让你欣赏和全心全意关注他人，从而激励他人以同样的方式回应你。这些部分能够帮你创造“让所有人都更上一层楼”的经历，人们可以彼此贡献和沟通，从而让所有参与人都有所受益。

如果你的梦想是发挥积极作用，在工作内外给人留下共赢沟通的持久“遗产”，那么你也许想要把“INTRIGUE 法（凸法则）”打印出来，放在看得见的地方，这样就可以把这些方法放在心头。

每天复习这些方法，可以让你对此更感兴趣，人也变得更有意思。这些方法可以让人们更开心地关注与你的相关交流，因为他们相信可以把时间花在你身上。这些方法可以帮你成为关注别人所想、所需的少数人，从而最值得关注。你在生活中的成功与满足与你能创造的沟通质量是直接成正比的。如果那是你的希望和梦想，请选择 INTRIGUE 法（凸法则）。每个人，包括你在内，都会受益匪浅。

行动问题：一劳永逸地扩展影响

要改变一个人的生活，必须立即开始，如火如荼地进行，无一例外。

——威廉·詹姆斯，心理学家

1. 回顾你的 W5 表格。互动沟通中的 INTRIGUE 法（凸法则）秘诀有八个要素，你如何添加这八个要素，以增加成功的可能性？

2. 你认为谁是能说会跑的 INTRIGUE（凸法则）模范？描述一下他 / 她，以及你为什么尊重他 / 她能够获得任何人的注意，与任何人沟通。

3. 你准备好在更高的水平上向前一步做贡献了吗？如果被邀

请，你如何一劳永逸地扩展自己的影响?

4. 你把“INTRIGUE 法（凸法则）”贴在哪里，才可以经常看到? 除此之外,你还打算做什么才能用新习惯代替旧习惯(比如把这本书放在手边，可以时时参考），帮你治愈信息肥胖症变成 INTRIGUE 法（凸法则）?

INTRIGUE 法（凸法则）

如果你想成功，选择 INTRIGUE 法（凸法则）。

——山姆·洪恩

I = INTRO，即开场白：创造一个一秒吸引人的开场白；引起人们抬眉头；问“你知道吗”问题；示人以鱼；变拒绝为接受；分享稀有的东西；振奋起来。

N = NEW，即新颖：只真实还不够，还必须新颖；跟上时代；创造下一件新东西；用幽默让人喜悦；想到时用笔记下来；用重新唤醒的眼光看世界。

T = TIME-EFFICIENT，即高效：高效获得信任；说话不简练，难怪遭讨厌；包裹你的沟通；给你的邮件和会议穿件“稳定背心”。

R = REPEATABLE，即易记住：转身就忘，流传不广是不行的；创造一个引人之语；抑扬顿挫；用韵律、头韵、节奏和音调打造一个易记的口号。

I = INTERACT，即互动：不要只是通知，要互动；永远不要再做电梯演讲；创造共赢的对话；构造让人们贡献和共同创造的场景。

G = GIVE，即给予：首先给予关注；调整沟通方式；倾听别人，就像你喜欢被倾听一样；走出自己的头脑，走向实际；使用他们的语言；会见他们的朋友。

U = USEFUL，即有用：如果不可行，就是没有用；创建现实关联；提供选项，而非命令；建议该说什么；种下行动的种子；确保概念正确。

E = EXAMPLES，即实例：不要讲故事，而要分享现实生活的实例；借“邮轮上的狗”之类的故事阐明观点；把人们带入情境；让人们在同理心的放大镜下开始关注。

INTRIGUE 法（凸法则）小测验

下面这个快速测试可以让你了解自己是否擅长获取高质量关注，创造与他人的共赢沟通。

问题与 INTRIGUE 法（凸法则）秘诀的八个成分有关。

如果你想提高某一领域的能力，只需要参考本书的相关部分即可。例如，如果你想在说话简练方面提高（问题 3），只需要参考本书第三部分关于如何通过高效获得信任的务实建议。

在当今这个耐心匮乏和异化的时代，你的商业成功和个人满足感与赢得良好注意的能力直接相关。你首先可以做一下下面的自我评估，然后再明确接下来该怎么做，才能改善工作内外的人际关系。

测试见下一页。

回答下述问题，选项从“几乎从不”到“几乎总是”，“几乎从不”得分为 1，“几乎总是”得分为 5。

你的第一答案通常是正确答案，因为那是出自直觉而非思考。

	几乎从不（1）	很少（2）	偶尔（3）	经常（4）	几乎总是（5）
1. 沟通中，你可以在第一分钟就获得人们的良好注意吗？					
2. 在介绍一些当下的新东西时，你能用时比别人期待的更短吗？					
3. 你是否守时，口头 / 书面交流是否简明扼要？					
4. 你能创造出脍炙人口的语句，让人们逐字逐句地流传吗？					
5. 当人们问你做什么工作时，你的回答能够创造出一场有意义的对话吗？					
6. 你能否把事情放在一边，全心全意地听别人讲？					
7. 你的沟通会激励人们采取行动，产生实实在在的结果吗？					
8. 你会用实例阐明观点而不是一味解释吗？这样你的观点可以活灵活现和引起共鸣。					
9. 你能否赢得良好注意，用你的沟通技巧影响别人？					
总分：					
总计：					

0 —17 分：想听好消息吗？你读这本书真是对了，你当前的沟通技巧不能支持你想要的、需要的和值得的水平。也许你希望把这本书当作最优先考虑的事，因为它能帮你在工作内外创造更多有益的关系。

18—34 分：你通常能够获得他人的有利注意，但还有待改进。也许你可以跳读某些章节，专注于改善某些领域，这样你就可以立刻学习那些可以帮你在相应情况下更好沟通的技巧。

35 分以上： 你是一个 INTRIGUE 法（凸法则）全明星！用这本书来策划某些关系重大的沟通吧，这样你就更有可能产生让所有参与人都满意的结果了。

鸣谢

我可能没有世上最好的工作，但是我有赢的希望。

——鲍勃·曼考夫，《纽约客》卡通编辑

我也是，不过我觉得自己拥有世上最好的工作，因为有幸和一群品质优秀的人一起工作。他们很多人投我以帮助，让这本书成为我希望它成为的样子，给每位读者带去积极的影响。

多谢我的姐妹谢莉·葛林，谢谢她为我经营了十五年业务，谢谢她源源不断地提供智慧和一直以来的鼓励。

非常感谢斯科特·里特、安德鲁·洪恩和莫·萨胡，他们让INTRIGUE法（凸法则）团队茁壮成长，为客户提供优质的服务，让他们保持快乐……并回头光顾。

马哈洛（夏威夷语，意为感谢）多年的老朋友朱迪·格雷、玛丽·拉弗蒂和丹妮丝·布罗索，感谢他们投入时间和精力支持这个项目，项目也因他们而变得更好。

感激我的代理人劳丽·力斯，感谢她源源不断地为我提供智慧和支持。

感谢BK出版社出版了本书，并创建了一个“场才”社区支持笔者。感谢斯蒂芬·皮尔桑迪、吉弗恩·席瓦苏博洛尼瓦、迈克·克劳利、里克·威尔逊、戴安娜·普拉特纳、戴维·马歇尔、凯蒂·希恩、克里斯汀·弗兰茨、马丽娜· 库克、夏洛特·阿什洛克以及BK出版社的其他工作人员，他们的支持为本书平添秋色。

我要给我的儿子和他们身后的妙人们，佩蒂·卡萨斯·洪恩和米奇·阿格拉沃尔，一声爱的呼唤。看见你们过着快乐、健康和有作为的生活，并且眼目清明地贡献着自己的最佳能力，我十分开心，就好像自己也眼目清明一样。

还要谢谢我的客户和会员听众，谢谢你们准许我分享你们的故事，让别人从你们的成就和教训中受益。

关于作者

山姆·洪恩，INTRIGUE法（凸法则）专家，是一名定位/信息传达/品牌推广策划家。她对客户的成果进行了为期二十年的追踪记录，这些客户包括英特尔、美国宇航局、波音公司、Cisco公司、毕马威会计事务所、英国航空公司、美国农业工程师协会和创业者协会等。她是INC500/5000里的一流演说家。

山姆已经帮助过数千名企业家和管理人员（如鲁比咨询顾问公司的创始人吉尔·尼尔森、《财富》杂志2012年度"美国中小企业最佳雇主"第一名、哈勃望远镜的项目经理查理·佩勒林，和Healthbox创始人兼世界经济论坛全球青年领袖妮娜·那什等）。山姆帮助他们创作吸引人的作品、专题报告和TEDx演讲稿等，以帮助他们扩展自己的影响力。

山姆的作品有《流行起来！为一切打造完美姿态、书名和标语》《舌功！》《是什么让你却步？》《专注》和《不畏艰难》，这些著作受到许多知名人士的肯定，包括斯蒂芬·R.科维、比利·珍·金、约翰·格雷、托尼·罗宾斯和肯布兰查德等。

山姆是广受欢迎的媒体人，其作品已被收录在《快速企业》、

《纽约时报》和《华盛顿邮报》中。她常出现在主流电视台和广播网络中，比如哥伦比亚广播公司、美国全国广播公司、美国广播公司和微软全国广播公司，全国公共广播电台、杰·雷诺的《今夜秀》和《实话实说》节目，她和她的《舌功！》在这些地方都广受欢迎。

山姆是毛伊岛作家协会的前执行主管，担任了17年司仪工作，曾和顶级代理人、编辑以及许多畅销书作家打交道，包括米琪·埃尔帮、弗兰克·麦考克、尼古拉斯·斯巴克、詹姆斯·罗林斯和大卫·巴瑞等。

山姆住在华盛顿特区的一个湖边，在那儿简直拥有世上最好的一切。她可以跳上飞机去作一场会议的主题报告，去休斯敦和纽约市看望儿子们，在半小时内赶到市中心主持一场全国新闻俱乐部的盛会，或在家附近的湖边小径上来一场徒步旅行。她感到非常幸运能够做自己喜爱又有意义的工作。

访问山姆的网站 www.samhorn.com。

我们希望收到您的来信！

您有没有因使用这些 INTRIGUE 法（凸法则）技巧而获得成功的故事？我们很乐于听到您如何争取有效关注和创建有意义沟通的故事。我们会在得到准许后，将您的事例收录在我们的时事通讯、博客和播客上。也许您还会出现在我们的 INTRIGUE 法（凸法则）年度名人堂中，而您的故事也将被全世界的人民看到，谁知道呢。

想让山姆·洪恩教给你的公司或协会这些获得关注的技巧吗？自己找找原因，为什么观众会为山姆的互动节目倾倒，而这些互动节目能让所有人真正沟通、参与和在重大事件中不断运用这些见解。

想要和山姆进行一对一的咨询吗？联系我们，让我们更详细地了解您的项目目标，探讨 INTRIGUE 法（凸法则）团队该如何帮助您制作吸引人的、别具一格的沟通方式和项目，使其成为所有参与者的战略 ROI。

想要在你的电视节目、报纸、杂志、读书俱乐部、博客或广播节目中采访山姆吗？你可以相信，山姆一定会传递吸引人的见解和创新的建议，那绝对热门!

想知道本周有什么吸引了我们的关注吗？访问网站 www.samhorn.com 或通过社交媒体 @SamHornIntrigue（推特账号登录）和 www.facebook.com/SamHornIntrigue 联系我们，获得 INTRIGUE 法（凸法则）策划的最佳实践。

我们期待在 info@intrigueagency.com 收到您的来信，或在 1-800-SAM-3455 收到您的来电。到时我们再沟通。

新出图证（鄂）字03号
图书在版编目（CIP）数据

凸法则：从默默无闻到脱颖而出 /（美）洪恩著；丁美龄译.
— 武汉：长江文艺出版社，2016.5（2016.6重印）
ISBN 978-7-5354-8718-6

Ⅰ.①凸… Ⅱ.①洪… ②丁… Ⅲ.①人际关系学 Ⅳ.①C912.1

中国版本图书馆CIP数据核字（2016）第060771号

著作权合同登记号　图字：17-2015-293

责任编辑：吴　双　梁清波　　　责任校对：周　杨
封面设计：仙　境　　　责任印制：张　涛

出版：长江出版传媒　长江文艺出版社
地址：武汉市雄楚大街268号　　　邮编：430070
发行：长江文艺出版社
　　　北京时代华语图书股份有限公司　（电话：010-83670231）
http：//www.cjlap.com
印刷：北京中科印刷有限公司

开本：880毫米 ×1230毫米　1/32　　　印张：9
版次：2016年5月第1版　　　2016年6月第3次印刷
字数：161千字

定价：45.00元

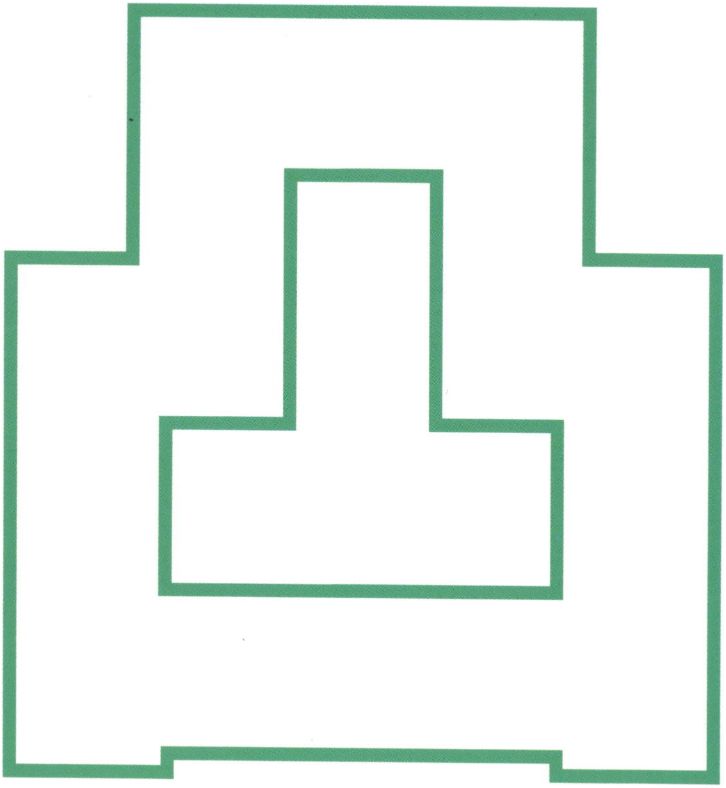

凸法则修炼手册

GOT YOUR ATTENTION

How to Create Intrigue and Connect with Anyone

凸法则修炼手册

从默默无闻，到脱颖而出

W5 表格：准备进行有趣沟通的图画板

∨
∨
∨

>>> **What (什么)：你要为之做准备的事情是什么?**

会议展示？员工会议？工作面试？书籍？资金投入？建议？页面文案？还是广告活动?

>>> Who（谁）：谁是你的目标观众？

他们的年龄、性别、背景如何？他们的兴趣水平或抵抗力水平怎样？他们的问题或未满足的需求是什么？他们的情绪如何，是急躁、生气、多疑、渴望还是繁忙？把他们描述出来，以便清晰地刻画出来。

>>> **When 和 Where（什么时间和什么地点）：这次沟通将发生在什么时候，什么地方？**

是上午 9 点在客户办公室吗？还是傍晚在嘈杂的餐馆？是星期一的早晨邮件列表里的一封简讯？还是在酒店宴会厅里的商务午餐？还是通过国际 Skype 电话，而每个人都在不同的时区？

>>> **Why(为什么)：这为什么会让你的决策者感兴趣?**

他们为什么要注意你呢？他们为什么会觉得与你沟通是富有成效地应用自己宝贵的时间、思想和金钱呢？与你沟通如何让他们受益，给他们带去实实在在的效益呢？

>>> **Why(为什么)：为什么你要对这次沟通感兴趣？**

经过这次沟通之后，你希望发生哪三件具体的事情？哪三种可能的成果或行动，可以让这次沟通成为你、你优先考虑的事情和生意上明显的成功之处？

请对照你的 W5 表格，三步制作“你知道吗”开场

>>>

>>> 第一步：以三个令人惊讶的“你知道吗”相关问题开始。

介绍三个决策者不知道但想知道的事情，关于：

◆ 你正在解决的问题的范围

◆ 你正在讲解的问题的紧迫程度

◆ 你正在讨论问题方面的戏剧性转变

◆ 你正在满足的未满足需求。

◆ 关于________（你的话题），令人震惊的统计有哪些？

◆ 关于________（你的话题），最近做了哪些研究？

◆ 关于________（你的话题），谁是专家？

◆ 关于________你的问题），最流行的文章有哪些？

◆ 关于________（你的目标市场），变化趋势是什么？

◆ 关于________（你的事业或行业），最佳网站或最流行的博客是什么？

>>> 第二步：使用“想象一下”连接提议方案的三个属性，造成“谁不想那样呢”的效果。

>>> 第三步：用“其实，你不必想象了，我们已经创造出来了。实际上……”句型过渡。

>>> “你知道吗”开场　练习手记

>>> **思考手记**

1. 请写下你的竞争优势。

2. 请写下最让你骄傲的事。

3. 请思考可以让你与决策者建立联系的共同点，写下来。

4. 请思考决策者的心思，会以什么理由拒绝你，如何让他们提出的反对意见变成不是问题的问题，有针对性地调整自己的内容。

>>> **7P 理论**

1. 第一个 P 是指 Purpose，意思为目的，即你的目标是什么，怎样算是成功？

2. 第二个 P 代表 Person，意思为人，即谁是你的目标决策者？谁代表你的理想客户？给这个人一个名字，描述一下他，以便你可以看到他。

3. 第三个 P 代表 Problem，意思是问题，即你的目标客户有什么挫折或挑战？怎样算是成功？

4. 第四个 P 代表 Premise，意思是假设，即多问“为什么……？”和“如果……会怎么样？”为什么要是那个样子呢？如果有新办法、更好的办法会怎么样呢？

5. 第五个 P 代表 Product，意思是产品，即你用新颖、更佳方式进行头脑风暴所产生的结果。问“为什么”和“如果……会怎么样”打断了常规的标准作业程式，产生了一个“有了！我找到了！”，即找到了更有效、更有新引力、有更高回报和更多收益的产品（或方法）。

6. 第六个 P 代表 Promise，意思是承诺，即因为这是新颖的，所以要给大家一个承诺，让人们可以相信它，也相信你。

7.第七个 P 代表 POP，意思是流行，即为你的新产品起一个有趣的名字，让它能够脱颖而出，成为流行。

>>> 思考手记

1. 思考如何将你的项目联系当前的资源和研究，使其变得有新意。

2. 如果用全新而不是疲倦的眼光看待人，你会重新联系谁？

3. 请记录下你最近做得对的事情。

4. 请记录下你想到的“引人之语”。

5. 若你主持会议，请思考与听众互动的方案，记录下来。

6. 谁是真正倾听你的人？他为什么是如此棒的倾听者？你感觉他怎么样？你现在会全心全意地关注谁？

7. 请回忆你曾经为梦想努力的过程和收获。

INTRIGUE 法（凸法则）小测验

∨
∨
∨

回答下述问题，选项从“几乎从不”到“几乎总是”，“几乎从不”得分为 1，“几乎总是”得分为 5。

你的第一答案通常是正确答案，因为那是出自直觉而非思考。

	几乎从不 (1)	很少 (2)	偶尔 (3)	经常 (4)	几乎总是 (5)
1. 沟通中，你可以在第一分钟就获得人们的良好注意吗?					
2. 在介绍一些当下的新东西时，你能用时比别人期待的更短吗?					
3. 你是否守时，口头 / 书面交流是否简明扼要?					
4. 你能创造出脍炙人口的语句，让人们逐字逐句地流传吗?					
5. 当人们问你做什么工作时，你的回答能够创造出一场有意义的对话吗?					
6. 你能否把事情放在一边，全心全意地听别人讲?					
7. 你的沟通会激励人们采取行动，产生实实在在的结果吗？					
8. 你会用实例阐明观点而不是一味解释吗? 这样你的观点可以活灵活现和引起共鸣。					
9. 你能否赢得良好注意，用你的沟通技巧影响别人?					
总分：					
总计：					

0 —17 分：想听好消息吗？你读这本书真是对了，你当前的沟通技巧不能支持你想要的、需要的和值得的水平。也许你希望把这本书当做最优先考虑的事，因为它能帮你在工作内外创造更多有益的关系。

18—34 分：你通常能够获得他人的有利注意，但还有待改进。也许你可以跳读某些章节，专注于改善某些领域，这样你就可以立刻学习那些可以帮你在相应情况下更好沟通的技巧。

35 分以上：你是一个 INTRIGU 法（凸法则）全明星！用这本书来策划某些关系重大的沟通吧，这样你就更有可能产生让所有参与人都满意的结果了。

阅读手记

阅读手记

阅读手记

阅读手记

扫码进入：读自己

上架建议：经管/畅销

ISBN 978-7-5354-8718-6

定价：45.00元